아버지의 라듸오

지은이 아버지 김해수는 1923년 경상남도 거창에서 태어나 하동에서 자랐다. 보통학교를 졸업한 후 일본으로 가서 도쿄고등공업학교에 진학했다. 1943년 일본 군부에 의해 인천 조병창의 전기주임으로 발령 받았으나 탈출해 강원도 산골로 숨어들었다. 강원도 광산에서 전기 책임자로 일하던 중 해방을 맞이했고 1945년 고향 하동에서 '창전사'를 개업했다. 전기가 들어오지 않던 시절, 첩첩산중 시골마을을 다니며 빛을 밝히는 스타 엔지니어로 활약했다. 해방 직후, 좌우익 분쟁에 휘말려 수감되었다가 고문 후유증으로 폐결핵을 앓고 소안도에서 요양을 하던 차에 1950년 6.25전쟁이 터졌다. 전란 중에 부산 국제시장에서 '화평전업사'를 열고 미군 PX의 라디오 수리점을 성공적으로 운영했다. 1958년 공채 수석으로 금성사(현 LG전자)에 입사해 '국산 라디오 1호'(금성 A-501)의 설계와 생산을 책임졌다. 그때부터 1969년까지 '국산 TV 1호' 설계 등 금성사의 신제품 개발을 주도했으며, 거듭되는 실패 속에 부품 국산화를 통한 한국 과학기술 발전에 큰 획을 그어나갔다. 1960~70년대 성장가도에 오른 한국 전자산업사의 중대한 고비마다 엔지니어 김해수의 발자취가 새겨졌다. 80년대 격동하는 민주화운동의 파고 속에 딸과 사위(박노해 시인), 아들이 구속되는 고난을 겪었으며, 1987년 일본인 사업가의 도움으로 (주)신기상역을 개업해 말년까지 전자산업의 현역으로 일했다. 2005년 8월, 83년의 생애를 마감하고 타계했다.

엮은이 딸 김진주는 1955년 부산에서 태어났다. 라디오 한번 듣기 위해 줄을 서던 시절, 엔지니어 아버지가 만든 국산 1호 라디오를 친구 삼아 자랐다. 고명딸로 부모로부터 사랑을 독차지하며 유복한 유년시절을 보냈고 초등학교 시절에 서울로 올라왔다. 1978년 이화대학교 약학과를 졸업한 후, 백병원 약사로 근무하던 중 경동교회 청년부를 통해 민주화운동에 합류했다. 당시 노동운동을 이끌기 시작한 노동자 박기평(박노해시인)을 만나 노동운동에 투신하게 되었다. 박정희 대통령에게 훈장을 받은 산업화의 주역인 아버지와 갈등을 겪으며 민주투사가 되어갔다. 5년간 구로공단 봉제공장에서 미싱사로 일하며 서노련(서울노동운동연합)의 일원으로 활동했다. 1982년 명동성당에서 박기평과 결혼하고 1984년 시집 『노동의 새벽』의 탄생을 지켜보았다. 1989년부터 사노맹(남한사회주의노동자동맹) 중앙위원으로서 월간 『노동해방문학』의 주요 필진으로 활동하다 군사정권에 의해 수배되었다. 1991년 체포되어 모진 고문을 당하고 4년 동안 양심수로 옥고를 치뤘다. 1998년 박노해 시인이 8.15 특사로 풀려날 때까지 석방운동에 주력했고 2000년부터 비영리사회단체 나눔문화(www.nanum.com)의 기획위원으로 활동했다. 2004년 아버지 김해수가 노환과 지병으로 고통 받던 중, 아버지의 시대와 생애를 기억하기 위해 매주 육필원고를 받아 기록해왔으며 2007년 『아버지의 라디오』를 펴냈다. 현재는 아버지의 위패를 모신 경상남도 거제에서 약사로 일하며 대체의학을 연구하고 있다.

국산 라디오 1호를 만든
엔지니어 이야기

아버지의
라듸오

김해수 지음 김진주 엮음

느린걸음

1959년, 서른일곱 살 엔지니어 김해수가 설계하고 만든
최초의 국산 라디오(금성 A-501, 등록문화재 제559-2호)

차례

HAPPY DAYS WITH
LOVERY DAUGHTER
1974

엔지니어 아버지 김해수와 대학생 딸 김진주
(1974년 신록의 봄, 아버지가 가꾼 정원에서)

'아버지의 라듸오'가 들려주는 이야기

무려 반세기를 넘어서 부활한 라디오의 소리를 들었다. 2016년 봄날, '아버지의 라듸오'에서 소리가 난다는 반가운 소식이 전해져서 달려갔다. 1959년 태어난 이래로 언제부터인지 박물관의 유물로만 존재했던 그 라디오를 강릉의 맥가이버로 불리는 김흥일 선생(前태백기계공고 교장)이 되살려놓았다는 것이다. 생산된 지 57년만에 낡은 기계가 다시 작동한다는 사실을 믿을 수 없었지만 가슴이 마구 두근거렸다. 1950년대부터 라디오를 연구해온 김흥일 선생은 이번에 KBS '과학의 달' 특집 다큐멘터리 제작팀의 의뢰를 받아서 꼬박 일주일 동안 수리에 매달렸던 감회를 말해주었다. "문화재급 라디오이기에 기능보다 원형 보존에 목표를 두고자 당시의 부품을 대부분 유지하면서, 교체가 불가피한 3~4개의 부품만을 최소한으로 바꿔 넣었습니다. 회로 하나하나를 다시 체크

해 보았는데 예전의 성능을 거의 유지하고 있어 참으로 놀라웠죠. 1950년대에 라디오를 개발한 엔지니어들의 선견지명과 튼튼하고 오래가는 제품을 만들기 위해 고심했던 흔적에 저절로 고개가 숙여집니다. 1호 국산 라디오를 만난 것만으로도 소중한 인연인데 여기에 내 손으로 생명을 불어넣어 새롭게 복원하게 되어 무한히 영광스럽습니다."

여기저기 긁히고 상처 입은 채로 초라하지만 의연한 모습의 낡은 라디오, 그 앞에 서자 잠시 숨이 멈추어지는 듯했다. 김흥일 선생의 제안에 따라 조심스레 손때 묻은 스위치를 켜자, 정말 기적처럼 붉은 전원등에 불빛이 들어왔다. 진공관이 예열되기를 기다리면서 15초 정도 지나니 지지직거리는 소리가 흘러나오기 시작했다. 누군가 라디오의 잡음이 머나먼 우주에 떠도는 외계인들이 교신하는 전파라고 했던가. 주파수를 맞추기 위해 이리저리 다이얼을 돌리다보니 점점 또렷해지는 아나운서의 음성, 흥겨운 노랫소리까지! 아, 드디어 기억 속에 묻혀졌던 바로 그 소리를 듣게 된 것이다. 아버지가 손수 만든 'A-501' 라디오가 세상을 향해 첫 발신을 하던 순간의 전율이 다가왔다. '그때 아버지가 느꼈던 보람과 고민을 생생하게 재방송할 수는 없을까?'라는 생각을 하니 눈시울이 젖어들었다. 가만히 귀를 기울이고 있으니 돌아가신 아버지가 들려주시던 이야기가 두런두런 울려나오는 것만 같았다.

아버지는 살아온 날들에 대한 이야기를 육필 기록으로 남겼다. 지난 2007년에 아버지의 원고를 정리하여 책으로 발간하게 된 일을 계기로 '아버지의 라디오'를 찾아 나섰다. 그런데 라디오의 진품을 구하기가 하늘의 별 따기만큼 어려운 일이었다. 사방에 수소문해보니 현재 남아 있는 것은 전국을 통틀어 대여섯 대뿐이고, 수천만 원을 호가하는 명품 반열에 들었다는 사실에 놀랄 수밖에 없었다. 그 라디오를 탄생시킨 엔지니어의 유족이 된 입장에서 지금껏 소중한 유품 하나 간직하지 못한 내력이 부끄럽지만, 뒤늦게나마 그 가치를 깨닫고 사려고 해도 팔겠다는 이가 없으니 서글프고 안타까웠다. 과거를 돌아보고 보존할 만한 여력도 없이 우리 아버지의 시대가 얼마나 바쁘게 앞길만 응시하며 달려왔는지를 다시금 확인할 수 있었다. 진품 중에 하나를 소장하고 있는 KBS에서 촬영을 허락해 주어 사진으로나마 간직할 수 있게 된 것을 위안으로 삼아야 했다.

지금으로부터 반세기 전에 우리나라에 라디오 시대가 열렸다. 금성사(현 LG전자)에서 국산 라디오를 생산하기 시작하면서 사람들은 집집마다 세상과 직접 소통하는 창문을 갖게 되었다. 문자와 입소문으로 움직여지던 세상은 이제 일상으로 파고드는 소리정보를 중심으로 재구성되기 시작했다. 더 이상 소문을 듣기 위해 우물가로 나가야 할 필요가 없어졌으며, 담장 밖에서 던져지는 신문은 소리정보의 영향력을 뒷받침하는 역할을 떠맡게 되었다. 소리를 생산하는 사람과 소리를 소비하는 사람 사이에 보이지 않는 균열이 생겨나고, 일방적으로 전달되는 큰 소리에 맞서서 작은 소리들의 파장을 확대하기 위한 노력이 요구되기도 했다. 또한 라디오의 대량생산을 신호탄으로 해서 밀어닥친 산업화의 물결 속에서 정신과 양심의 위엄을 지켜내는 일이 새로운 과제로 떠올랐다.

1960년대에 '바람보다 빨리 눕고, 바람보다 먼저 일어서는 풀뿌리'에 비유해서 민중의 끈질긴 저항성을 노래했던 김수영 시인은 '금성라디오'라는 시에서 라디오 시대에 대한 당혹감과 고민을 이렇게 토로했다.

> 금성라디오 A 504를 맑게 개인 가을날
> 일수로 사들여온 것처럼
> 500원인가를 깎아서 일수로 사들여온 것처럼
> 그만큼 손쉽게
> 내 몸과 내 노래는 타락했다
>
> 헌 기계를 가게로 가게에 있던 기계는
> 옆에 새로 난 쌀가게로 타락해 가고
> 어제는 캐시밀론이 들은 새 이불이
> 어젯밤에는 새 책이
> 오늘 오후에는 새 라디오가 승격해 들어왔다
>
> 아내는 이런 어려운 일들을 어렵지 않게 해치운다
> 결단은 이제 여자의 것이다
> 나를 죽이는 여자의 유희다

아이놈은 라디오를 보더니

왜 새 수련장은 안 사왔느냐고 대들지만

시인은 소비사회의 상징으로 등장한 라디오를 두고 타락의 위
험을 경고했지만, 어쨌거나 그 시대의 주역은 '조국 근대화'를 이루
고자 하는 사명감으로 신명을 바쳐서 일했던 우리 아버지들이었
다. 그 아버지들 가운데 국산 라디오 1호를 만든 한 엔지니어가 있
었다.

20세기 초에 첨단의 전자공학을 공부한 엔지니어로서 그가 살
아낸 한국의 현대사는 '희망의 시대'이자 '배반의 시대'였다. 아버
지가 겪어온 날들의 희망과 배반을 잊지 않고 되새겨보는 일은 지
금 이 시대를 통과하는 우리 삶의 의미와 과제들을 좀 더 뚜렷하
게 밝혀 주리라고 믿는다. 오늘 선진화된 디지털 강국의 꿈을 안
고 질주하는 우리의 앞길에 또 다른 위험의 징후들은 이미 발견되
고 있다. 고도성장의 이면에 짙게 드리운 양극화의 그늘, 생태파괴
에 따른 지구 온난화 문제, 세계화된 자본의 권력이 벌이는 전쟁
속으로 본의 아니게 끌려들고 있는 우리는 어떠한 희망의 대안을
마련할 수 있을까. 21세기의 험로를 함께 개척하고 있는 우리 세대
와 신세대는 서로를 배반하지 않고 조화롭게 살아갈 수 있을까.

아버지의 옛이야기가 우리에게 풍요로운 기억의 공동체의 힘으
로 축적되기를 바라면서, 그 속에서 주목할 만한 몇 가지 관점을
제시하고자 한다.

1.

우리 아버지 이름, 김金 해海자 수洙자는 한국 전자산업의 첫 아기인 라디오를 낳은 기술자로 기록되어 있다. 전쟁의 폐허 속에서 끊어진 전기통신시설이 복구되자마자 개막된 전자산업의 태동기에 아버지는 이미 30대 중반의 노련한 엔지니어였다. 그는 공채시험을 통해 금성사에 입사함으로써 국산 라디오 1호(A-501)의 설계와 생산을 책임지게 되었다.

2005년 9월 14일자 전자신문은 그 사실을 다음과 같이 전해준다.

"금성사는 라디오 설계자로 김해수 씨를 찾아냈다. 한국전쟁 때 부산에서 미군 PX Post Excange 라디오 전문 수리점을 운영했던 교사 출신의 평범한 인물인 그는 라디오 조립 기술에서는 탁월한 능력을 발휘했다. 김해수 기술담당은 독일에서 온 기술자 헨케의 주장을 물리치고 일본 산요의 라디오 제품을 벤치마킹할 것을 제안했다. 아울러 진공관, 스피커, 레지스터, 볼륨컨트롤 등은 독일에서 제품을 수입하되 스위치, 트랜스, 플레이트, 소켓 등은 자체 개발할 것을 강력히 주장했다. 이것이 향후 금성사가 라디오 부문에서 빠른 시일 내에 경쟁력을 확보하게 되는 계기를 제공했다."

그런데 이 기사에서 아버지를 '교사 출신의 평범한 인물'이라고 소개한 내용에는 오해가 있다는 점을 밝혀두고 싶다. 아버지의 생애는 다행이든 불행이든 엔지니어라는 정체성으로 일관되었으며, 당시에 희귀했던 전기 기술자라는 존재가 그저 평범할 수도 없었기 때문이다.

1923년 일제치하의 조선 땅, 경상남도 하동에서 자라난 아버지는 보통학교를 마친 후에 일본으로 보내졌다. 도쿄에서 전구공장을 운영하던 형님은 어린 동생이 의사가 되기를 바랐지만 전기의 원리에 흥미를 느끼게 된 소년 김해수는 공업학교에 진학해서 전기공학을 공부하며 라디오를 만드는 일에 빠져들기 시작했다. 1943년 초봄에 도쿄고등공업학교의 졸업반이었던 아버지는 인천 조병창소총 제조공장의 전기주임으로 갑작스런 발령을 받았다. 태평양 전쟁에서 열세에 몰린 일본 군부의 정책에 따른 것이었다. 하지만 아버지는 조병창에 부임하자마자 그곳을 탈출해서 강원도 산골로 숨어들었다. 조선인의 자존심으로 패망해가는 일제에 대한 협력을 거부한 셈이었는데 그것은 다소 우발적인 행동이었다. 그러한 아버지의 용기가 확고한 민족적 신념에서 비롯된 것이 아니었기에 결국은 강원도 산골까지 뻗어 있던 조선총독부의 마수로부터 벗어나지 못하고 말았다. 유능한 엔지니어가 절실하게 필요했던 전시상황에서, 아버지는 숨은 보석인 양 일본인들의 비호를 받으며 일본 군대에 동과 아연 등 군사물자를 공급하는 광산의 전기 책임자로 일하던 중에 극적으로 해방을 맞이했다.

1945년 가을, 오랜만에 고향으로 돌아온 아버지는 아직 20대 초반이었지만 부모님을 비롯한 일가친척 등 수많은 식솔을 먹여 살려야 하는 아주 난감한 처지에 놓이게 되었다. 마침 일본인이 운영하던 라디오 가게를 운좋게 헐값에 인수하게 된 아버지는 '창전사'라는 간판을 내걸고 본격적으로 라디오와 관련된 일을 시작했다. 조악한 부품들로 조립된 전시보급형 라디오들은 대부분 고장이 잦았기 때문에 아버지의 일거리는 무궁무진했고, 산더미처럼 쌓이는 불량 라디오들을 척척 수리해냄으로써 청년 김해수는 스타 엔지니어로 떠올랐다. 그뿐 아니라 전기와 관련된 온갖 문제에 관여하게 됨으로써 경남지방 일대에 점차 소문이 나게 되었다. 이 무렵 해방 직후의 혼란 속에서 설립된 중학교의 과학 교사직을 임시로 맡았던 적이 있었는데, 이래저래 아버지를 따르는 제자들이 생겨나서 '선생님'이라고 불리게 된 것이 '교사 출신'이라는 오해를 낳았던 모양이다.

그런데 이 대목에서 우리는 엔지니어의 사회적 위상에 대한 의문을 갖게 된다. 19세기 말에 산업혁명이 시작된 이래로 산업사회의 첨병이었던 기술자의 역할은 교사보다, 혹은 정치인이나 기업인보다 중요한가, 아닌가? 물론 어느 시대를 막론하고 개인의 사회적 공헌에 따라 지위가 달라지게 마련이지만, 굳이 '교사 출신'이라는 수식을 덧붙여서 엔지니어 김해수를 설명했던 배경에는 역사적 뿌리가 있는 듯하다. 아름답지만 비극적인 장인의 말로를 형상화한 무영탑과 에밀레종의 전설, 조선시대 유교사회에서 기술직을 천시하던 우리의 전통은 21세기 문턱을 넘어선 지금까지 영향을 미치고 있는 것이라 여겨진다. 하지만 기술의 진보가 생존의 열쇠가 된 현대사회는 엔지니어의 위신을 바로 세움으로써 다가올 미래에 새로운 사명을 부여할 것을 요구하고 있다.

2.

아버지의 인생에서 가장 아름다운 장면을 든다면 전기가 들어오지 않던 고향 인근에서 소리와 빛을 열어가던 그 시절의 어느 순간이라고 할 것이다. 아버지가 라디오를 수리하는 동안 가게 안에 몰려든 구경꾼들이 고장난 라디오에서 소리가 터져 나올 때마다 함성과 박수로 반기는 광경은 마술 퍼포먼스가 벌어지는 공연장을 방불케 했다. 또한 섬진강변 제재소에서 침수된 모터를 나흘에 걸쳐 완벽하게 수리한 후에 고사 상을 차려놓고 고참 '오시'^{나무 켜는} ^{사람}로 하여금 시운전을 하게 했던 장면도 그럴 듯하지만, 더욱 장관은 지리산 청암골에 전깃불이 환하게 켜지던 밤의 풍경이었다.

전기에 관한 한 만능해결사였던 아버지는 하동·읍내 장터에서 나무장사를 하는 노인의 부탁으로 산골짜기에 발전시설을 하게 되었다. 소문을 듣고 모여든 청암골 사람들이 초저녁부터 멍석을 깔아놓고 이제나 저제나 난생 처음 보는 전등 빛을 보기 위해 학수고대하는 동안 시끌벅적 덕담이 오고가고 어둠은 점점 짙게 내려앉았다. 마침내 작업을 끝낸 아버지가 스위치를 가동하자 지리산 계곡에서 물을 퍼 올리는 물레방아와 연결된 발전기가 힘차게 돌아가기 시작했다. 그리고 열 개의 전구가 일제히 청암골의 까만 밤을 밝혔을 때 감격에 못 이겨 서로 얼싸안고 덩실덩실 춤을 추던 옛사람들의 흥겨운 잔치마당에는 밝은 앞날을 기약하는 희망이 넘치는 듯 했다.

젊은 날의 아버지는 넓은 이마에 형형한 눈빛으로 지적인 풍모를 지녔으나 각진 턱에 고집스럽게 다문 입매가 긴장감을 자아내기도 했다. 무엇보다 아버지를 빛나게 했던 것은 사심 없이 일에 몰두하는 장인적 집중력, 그리고 불같은 열정으로 밀어붙이는 추진력이었을 터인데 그러면서도 사람들의 마음을 섬세하게 읽어내고 분위기를 주도하는 역할을 곧장 떠맡았다. 그런 까닭에 아버지 주변에는 호방하고 다재다능한 한량들이 모여들었는데, 고향에서 만난 친구 중에 각별했던 이는 강대봉 씨였다. 훗날 아버지가 그의 여동생과 결혼함으로써 결국 내게는 외삼촌이 되는 강대봉 씨는 남해안과 하동포구를 연결하는 물류를 좌지우지했던 선주 집안의 장남으로서 준수한 외모에 훌륭한 인격을 두루 갖춘 소문난 멋쟁이였다.

친구인 강대봉 씨가 좌익 성향을 지닌 '민청'민주청년동맹의 지도자 격이었기 때문에 해방정국에서 민청이 주도하는 정치집회나 계몽강연회, 연극공연 등에 필요한 음향과 조명시설을 비롯한 무대장치 일체를 설치하는 일이 아버지의 몫으로 돌아왔다. 그러자 민청에 대항하는 우익 '족청'민족청년동맹으로부터 동시에 협조요청을 받아서 가끔은 그쪽 일을 거들어주기도 했는데, 아버지는 어느 편이 됐든 기술적 서비스는 공평하게 제공하는 것이 엔지니어의 임무라고 생각했다. 그 바람에 그는 하동군 인민위원회에 불려나가 '자아비판'을 강요당하기도 했지만 기술의 중립성을 역설하여 소신을 지켜나갔다. 하지만 이어지는 극단의 시대는 한 엔지니어가 소망했던 낭만적인 중립지대를 허용하지 않았다.

해방된 조국에서 빛으로 충만했던 청춘극장은 막을 내리고, 엄습해온 한국사의 비극적 상황 속에서 아버지는 생애에서 가장 불행한 시기를 맞이했다. 아버지를 비롯한 네 명의 친구들은 좌익 청년활동의 핵심으로 몰려 우익 진영에서 조작한 '하동군청 방화사건'에 무고하게 연루됨으로써 모진 시련을 겪었다. 부산에서 하동경찰서로 파견된 특수형사들은 3주간에 걸친 무자비한 고문으로 방화범이라는 억지 자백을 받아내려 했지만 아버지는 끝까지 버텼고, 진주교도소에 수감되었다가 무죄판결을 받고 석방되었다. 그러나 감옥에서 나오자마자 각혈을 하기 시작했고, 고문 후유증으로 얻은 폐결핵 때문에 마산요양원에 입원했다가 전남 완도군에 있는 소안도에서 요양을 하기 위해 고향을 떠났다. 그곳에서 6.25전쟁이 터졌다는 소식을 듣게 되었는데, 고향에 남아 있었던 친구 강대봉 씨는 보도연맹의 일원으로 죽임을 당했으나 아버지는 불행 중 다행으로 전쟁의 참사로부터 비켜나서 살아남았다.

　전쟁통에 피난민이 몰려드는 부산으로 거처를 옮긴 아버지는 '화평전업사'를 개업하고 새로운 삶을 시작하고자 했다. 그 와중에 우연히 해군의 원자력 개발사업에 개입하기도 하고, 미국 PX 내의 라디오 수리점에 대한 위탁운영을 맡아서 꽤 많은 돈을 벌기도 했던 그는 전축 제조업 등의 사업을 벌였다가 큰 실패를 맛보고 말았다. 설상가상으로 지병인 폐결핵이 악화됨으로써 1956년에는 생사의 기로에서 늑골 절제수술을 받게 되었고, 그 이후 한쪽 폐를 더 이상 쓸 수 없는 상태로 평생 고통을 안고 살아야만 했다.

3.

1958년 가을에 아버지는 럭키화학공업사가 새로 설립한 자회사인 금성사의 '고급 기술 간부 모집' 광고를 접하고 지원을 결심했다. 그때 몰려든 응모자들이 무려 2,000여명에 달했는데 서류심사를 거쳐 필기시험 자격이 주어진 83명 가운데 7명이 뽑혀서 실기시험을 치르게 되었고, 최종 합격자는 아버지를 포함해서 3명이었다. 아버지는 수석으로 합격했고, 실무경험도 가장 많았기에 '금성 A-501' 라디오에 대한 설계책임이 맡겨졌다.

럭키화학공업사는 해방 이후 우리나라에 널리 보급되었던 미제치약을 몰아냈던 '럭키치약'으로 유명해진 회사였는데, 당시 사장이었던 구인회 씨는 금성사를 설립하여 '라디오 국산화'를 추진하기로 결단하였다. 당시 신규 전자사업을 총괄했던 지휘자는 윤욱현 기획부장이었고 기술 고문 겸 공장장으로는 독일인 기술자 헨케 씨가 선임되어 있었다. 그런데 헨케 씨는 원래 기계공학을 전공했기 때문에 전기공학에서는 기술적 한계를 드러내게 되었고, 아버지는 헨케 씨에게 자주 다른 견해를 제시할 수 밖에 없었고, 두 사람 사이에 끝내 다툼이 벌어져 헨케 씨는 결국 금성사를 떠나고 말았다. 아버지는 라디오 캐비닛의 디자인은 물론 당시 금성사를 상징했던 왕관 모양의 샛별 마크와 'Gold Star' 로고까지 창안하는 산업디자이너 역할도 겸하게 되었고, 마침내 1959년 8월에 국산 라디오 1호의 시제품을 완성하고 11월에 출시하게 되었다.

하지만 라디오 국산화의 길은 이러저러한 암초에 부딪혀서 산

넘어 산이었다. 대량생산 체제를 구축하는데 필요한 연관산업의 기술수준이 워낙 취약해 부품의 불량과 생산성에 끊임없이 문제가 드러났으며, 무엇보다 큰 난관은 일본과 미국으로부터 유입되는 밀수품이 범람하는 국내시장의 상황이었다. 천신만고 끝에 태어난 국산 라디오는 시장의 냉담한 반응 때문에 생산중단의 위기에 봉착하게 되었다. 그런데 뜻밖에도 이러한 어려움을 타개해 나가는데 결정적인 역할을 한 것은 5.16 군사쿠데타로 등장한 박정희 장군이었다.

1961년 초가을 무렵 부산 연지동의 금성사 라디오 공장은 거의 가동을 멈춘 상태였고, 홀로 망연히 현장을 지키고 있던 아버지는 예고도 없이 방문한 뜻밖의 손님을 맞이하게 되었다. 군복 차림에 선글라스를 착용하고 불쑥 나타난 박정희 장군은 아버지에게 라디오 공장을 보여 달라는 요청을 하며 수많은 질문을 던졌다. 아버지는 금성사의 생산과장으로서 라디오 생산 현황을 상세히 보여주고 설명하면서 밀수품의 유통을 막아야 우리나라 전자산업이 살아날 수 있다는 점을 강력하게 역설했다. 그러자 불과 일주일 만에 '밀수품 근절에 관한 최고회의 포고령'이 발표되었으며, 공보부 주관으로 '전국의 농어촌에 라디오 보내기 운동'을 전개한다는 발표가 잇따랐다. 그때부터 잠자고 있던 국산 라디오는 날개 돋친 듯 팔리기 시작했고, 그해 연말에 이르러 라디오 판매고가 100만 대를 넘어서기까지 아버지에게는 부품 추가발주와 생산라인 증설, 사원모집 등의 일거리가 폭풍처럼 밀어닥쳤다. 돌이켜보면 그 당시 농어촌에 라디오를 일제히 보급함으로써 군사혁명에 대한 홍보와 지지기반 확대를 도모했던 박정희 장군의 의도와 한국 전자산업의 발전을 추구하는 시대의 요구가 절묘하게 맞아떨어졌던 셈이다.

사실 우리나라에서 직접 라디오를 생산한다는 것은 일본이나 미국에 종속되어 온 '기술의 독립'에서 나아가 '경제의 독립'을 향한 선언이나 다름 없었다. 일제로부터 해방되자마자 미 군정을 거쳐 한국전쟁과 분단의 비극에 절망했던 우리 국민들은 국산 라디오의 광범위한 보급에 따라 상처를 딛고 샛별 같은 희망을 키워가는 힘을 얻을 수 있었다. 새벽부터 '잘 살아보세!'라는 구호와 함께 '새마을 노래'를 쩌렁쩌렁 울려대는 라디오 방송이 비록 권력의 도구로 활용되었다 하더라도, 어느 집 할 것 없이 일상의 필수품으로 자리잡은 라디오는 서민대중에게 격변하는 세상과 소통하는 유일한 창문이자 희로애락의 감수성을 증폭시키는 대중문화의 무대였다.

국산 라디오의 성공과 더불어 아버지의 삶도 일대 전환기를 맞이했다. 라디오에서 전화기, 텔레비전 등으로 이어지는 전자산업의 발전과정에서 중추적 역할을 담당하게 되었던 것이다. 1961년 하반기부터 금성사의 신규사업으로 계획된 TV의 개발과 생산을 책임지고 일본의 하다치와 기술제휴를 추진하는 한편, 신축되는 금성사 동래 공장에 대한 설계까지 맡아서 라디오, 선풍기, TV, 적산전력계, 전화교환기의 생산을 총괄했다. 그리고 1967년에는 금성사가 본사를 서울로 이전함에 따라 아버지는 기획부장으로 승진발령을 받아서 가족과 함께 상경했다. 국내 최상급의 유능한 인재들을 휘하에 거느리고, 서독정부와 우리나라 체신부 사이에서 전화교환기의 국산화를 위한 계약을 체결하는 등 거대한 전자산업 프로젝트를 이끌어가던 금성사 기획부장의 위상은 실로 막강했다. 국내외 원자재와 부품에 대한 발주와 결재의 권한을 가지고 있었기에 로비와 유혹이 끊이지 않는 자리이기도 했다. 하지만 타고난 엔지니어였던 아버지는 정확성과 정직함을 추구하는 기질 때문에 일체의 이권에 개입하지 않았고, 심지어 명절 때 의례적으로 주어지는 '떡고물'마저 사양하는 바람에 우리 집 대문 앞에 쇄도하는 선물 보따리를 돌려보내느라고 엄마도 진땀을 빼야 했다.

금성사에서 일한 지 10년을 넘기고 어느덧 40대 중반의 나이가 된 아버지는 대기업으로서 이미 성장가도에 오른 옛 터전을 떠나서 새로운 길을 개척해야겠다는 생각을 하게 되었다. 그리하여 1969년에 삼화콘덴서로 자리를 옮겨 5년 동안 전무로 일하다가, 1974년부터 7년에 걸쳐서 재일교포 사장과 함께 한국트랜스, 신한전자, 대한노블전자, 한국음향, 경인전자, 한국금석, 한류전자, 한국다이와 등 여덟 개의 회사를 설립했다. 한일합작으로 전자부품을 생산하는 이들 회사를 통해서 아버지는 우리나라가 전자부품 국산화율 90%에 이르는 단계로 도약하는데 기여했으며, 20여 년 동안 전자산업의 기틀을 닦아온 공로가 인정되어 1979년에는 '대통령 산업포장'을 수상했다.

4.

아버지가 금성사에 입사했던 1958년에 나는 네 살배기 아기였다. 내 어린 기억에도 밤중에 두런두런 이사문제를 의논하던 아버지와 엄마의 대화 속에서 어딘지 긴장된 분위기가 감지되었을 만큼, 그때부터 우리 가족에게도 커다란 변화가 시작되었다. 부산 연지동 공장에서 가까운 셋방으로 이사를 해서 살던 어느 날 아버지가 가져다 놓은 라디오는 참 신기한 물건이었다. 초라한 살림살이와는 대조적으로 산뜻하게 빛나는 라디오는 시선을 끌기에 충분했고, 어른 팔뚝 두 개를 합친 정도의 크기는 제법 묵직한 존재감을 느끼게 했다. 앞면의 스위치를 돌리면 온 방안에 소리가 울려 퍼지는데 도대체 누가 그 소리를 내는지 궁금해서 나는 그 요술상자 속을 이리저리 들여다보며 작은 요정 같은 것들이 움직이는 모습을 찾아내려고 애를 쓰곤 했다. 나는 라디오에서 흘러나오는 온갖 노래들을 따라 부르면서 재롱이 늘기 시작했고, 라디오를 통해서 뉴스를 전해 듣고 스포츠 중계에 흥분하거나 방송 드라마에 울고 웃는 사이에 점점 철이 들었다.

초등학교 4학년 때 서울로 전학해서 중고등학교를 마치고 1978년 이화대학 약학과를 졸업할 때까지, 나는 밝은 빛으로 가득한 세상을 꿈꾸며 살았다. 4남매 중 고명딸이었기 때문에 부모님의 사랑을 독점하다시피 했으며 오빠와 남동생들로부터도 존중받는 지위를 누렸다. 그런데 대학 졸업반이 되면서부터 박정희 유신체제에 대항하는 민주화운동의 열정이 서서히 나를 사로잡았다. 졸업 후에 백병원 약국에 근무하면서 강원용 목사님이 계시던 경동교회를 다니던 나는 교회 후배인 임국진 씨의 소개로 박기평이라는 노동자를 만나게 되었다. 78년 5월 말이었는데, 명동의 가스등이라는 다방에서 이루어진 그 만남이 내 운명의 지침을 돌려놓았다. 80년대 중반에 시집 『노동의 새벽』을 발표하고 '얼굴 없는 노동자 시인' 박노해로 널리 알려지게 된 그 청년을 사랑하게 된 나는 지식인의 기득권을 버리고 노동자 편에 서야 한다는 시대의 당위를 받아들여서 노동운동에 뛰어들기로 작정했다.

참으로 순수하고 용감무쌍했던 나의 결단은 아버지에게 이루 말할 수 없는 상처를 입혔다. '조국 근대화의 주역'으로서 아버지가 쌓아온 자부심에 대해서 갑자기 문제를 제기하고 나선 딸에게 엄청난 배신감을 느끼게 되었음을 물론, 애지중지 키워놓은 딸의 앞날이 너무도 뻔한 위험 앞에 놓여 있음을 알고도 막지 못한다는 것은 아버지로서 참을 수 없는 고통이었을 것이다. 더욱이 해방 직후 좌우대립의 소용돌이 속에서 얻은 상흔을 가슴 깊이 간직한 채 남몰래 신음하며 살아온 아버지가 아니었던가. 하지만 나는 나대로 '민주화의 주역'이라는 우리 세대의 과제를 안고 한번 내딛기 시작한 발걸음을 돌이킬 수 없었다.

70년대 말부터 나는 노동야학을 전전하면서 소위 10.26사태로 박정희 시대가 막을 내리고, 80년 5월의 광주를 짓밟은 전두환 정권의 군사독재가 이어지는 암울한 상황을 지켜보면서 구로공단으로 향했다. 81년부터 86년까지 5년 동안, 아버지가 설립한 전자회사들이 즐비한 그곳에서 나는 봉제공장 미싱사로 일하면서 서노련서울노동운동연합의 일원으로 활동했다. 그 와중에 군대를 갔다가 제대한 박기평 씨와 나는 명동성당에서 결혼식을 올렸는데, 아버지는 의외로 대범하게 우리의 결혼을 허락했다. 그리고 87년 6월에 우리 부부는 거센 민주화투쟁의 불길이 타오르던 현장의 한가운데 서 있었으며, 그 이후 사노맹남한사회주의노동자동맹을 결성하여 맹렬한 활동을 벌이다가 91년 봄에 구속됨으로써 상당 기간 감옥살이를 하게 되었다.

딸과 사위가 투옥되자 아버지는 거실 한가운데 자랑스럽게 걸어 두었던 '대통령 산업포장' 액자를 거두어들여 책상 서랍 속에 보관했다. 민주주의의 실현을 향한 열망이 대세를 이루어가는 시대의 흐름 속에서 독재자로 지탄받는 대통령이 수여한 상장의 의미가 더 이상 예전과 같지 않다는 생각이었던지, 굳이 그러한 상장을 통해서 아버지 생애의 노고에 대한 보상을 받을 필요가 없다는 판단이었던지. 감옥에 딸을 두고 애를 태우다가 만감이 교차했을 아버지의 심경에 대해서 나는 차마 여쭈어보지 못했다. 내가 4년 넘도록 수형생활을 하는 동안 아버지는 거의 면회를 오지 않았지만 두 번 정도 특별면회를 허락받아서 가족이 다 모이는 자리에 함께 했다. 그리고 95년 5월 1일 새벽에 아버지는 홍성교도소의 육중한 철문 앞에서 다시 세상 속으로 걸어 나오는 딸을 품에 안았다. 그때 경주교도소에서 무기징역을 살고 있던 박노해 시인은 98년 8월 15일에 석방되었다.

5.

내가 노동운동을 한다고 집을 떠나 있었던 80년대 초에 아버지에게는 불운이 겹쳤다. 아버지가 발명특허를 받아두었던 자력정^{자력}<small>을 이용한 잠금장치</small>을 생산하기 위해 ㈜MAGMA라는 회사를 설립했는데, 3년 가까이 심혈을 기울였지만 운영난에 부딪혀서 결국은 다른 사람에게 회사를 넘겨주고 말았다. 더구나 그 당시 고려대학을 다니던 막내아들조차 시위 주동자로 제적을 당하게 되었으니 아버지의 고민은 이만저만이 아니었다. 환갑의 노년에 이르러서 가정과 직업에서 동시에 풍파를 겪게 된 아버지는 거제도에서 누님이 이루어온 이진암이라는 절에 머물면서 그곳의 대소사를 관장하기도 했다.

그러던 어느 날, 87년 5월에 일본인 사업가 가와다케 씨가 거제도로 아버지를 찾아왔다. 과거에 아버지로부터 입은 은혜를 갚으러 온 것이었다. 가와다케 씨와의 인연은 70년대 초의 삼화콘덴서 시절로 거슬러 올라가는데, 일본의 동경산업용지라는 회사의 판매담당이었던 그가 억울한 사정으로 회사에서 쫓겨나 자살 직전의 실의에 빠졌을 때 아버지가 큰 힘이 되어준 일이 있었다. 덕분에 그는 콘덴서 원자재를 중개하는 무역상사를 개설했고, 나중에는 한국과 대만, 홍콩 등지에 전자공업 생산기계시설까지 공급하게 됨으로써 날로 사업이 번창했다. 70년대 말경에 그는 감사하는 뜻에서 아버지 앞으로 상당한 금액이 예치된 통장을 내놓았지만 순수한 우정을 내세우며 완강히 고사했던 아버지에 대해서 늘 빚진 심정을 떨치지 못했다. 그러다가 아버지가 사업에 실패한 후 암 자에 묻혀 산다는 소식을 전해 듣고는 거제도로 달려왔던 것이다.

가와다케 씨의 도움으로 ㈜신기상역을 개업하게 된 아버지는 64세에 전자업계의 현역으로 복귀했으며, 덕분에 말년까지 비교 적 안정된 생활을 누릴 수 있었으니 개인적으로는 다행한 일이었 다. 하지만 평생을 통해 엔지니어로서 헌신해온 아버지의 노후를 우리 기업이나 사회가 아니라, 한 일본인 사업가가 보장해 주었다 는 사실은 왠지 씁쓸한 뒷맛을 남긴다. 전통적으로 장인을 존중하 고 지난날의 은덕을 반드시 갚는 섬나라 사람들의 문화를 인정하 는 일이 민족적 자존심과 충돌을 일으키기 때문일까. 아무튼 강 직하면서도 따뜻했던 아버지의 독특한 인격의 힘과, 그가 살아온 날들의 가치를 알아주는 사람 하나 없었더라면 역사의 뒤안길로 사라져가는 한 엔지니어의 말로는 몹시 씁쓸한 모양새가 되고 말 았을 것이다.

6.

2005년 8월 21일 새벽에 아버지는 83년의 생애를 마감했다. 파란 만장한 삶의 고비마다 아버지의 곁을 지켰던 아내를 홀로 남겨두 고, 4남매의 자식들과 며느리들과 사위, 그리고 여섯 명의 손자와 손녀들로 일가를 이루느라 바람 잘 날 없었던 그 모든 사연을 그 리움 속에 간직한 채 홀연히 저 세상으로 돌아갔다.

아버지의 생애를 돌이켜보면 눈물겹다. 한국의 딸들 중에 아버지를 진심으로 존경하는 경우는 드문 편인데, 아버지들은 대개 사회에서는 약자인 반면 가정에서는 권위적으로 군림하려 들었기 때문이다. 사실 우리 아버지도 그런 점에서 예외는 아니었다. 밤늦게 회사에서 돌아온 아버지의 표정이 굳어 있을 때면 우리 가족은 어김없이 비상사태에 돌입하곤 했는데, 평소에는 더없이 자상한 아버지가 갑자기 폭군으로 돌변하는 당혹스런 상황을 견뎌내야 했다. 아버지가 아끼는 딸이었던 나는 폭풍의 한가운데서 아버지의 마음을 달래는 역할을 떠맡기도 했지만, 철이 들면서 같은 여성인 엄마의 입장에서 아버지와 맞서는 일도 종종 있었다. 그때는 불같이 급한 아버지의 성격이 문제라고 여겼을 뿐이었으나 이제 와서 생각해 보면 아버지에게는 좀 더 이해심 깊은 딸이 필요했던 것 같다.

나는 민주화운동의 열풍 속에서 한때 아버지를 마음속으로 미워한 적이 있었다. 우리 세대가 보기에 아버지는 비겁한 친일 협력자였고, 군사독재와 자본가의 하수인일 뿐이었다. 20세기 극단의 시대에 고취되었던 이념은 그렇게 아버지와 딸을 갈라놓았다. 그러나 아버지는 어디까지나 나를 낳아주고 길러주고 사랑해준 아버지가 아니었던가. 감옥을 사는 동안에 나는 아버지의 시대를 다른 관점에서 바라보게 되었다. 일제치하로부터 해방정국의 우여곡절을 겪으며 체득한 기술의 진보를 통해 아버지가 우리 삶의 지평을 얼마나 밝게 열어 주었으며, 한 엔지니어로서 얼마나 고뇌에 찬 나날을 고군분투하며 살아왔던가를 이해하게 된 것이다.

아버지는 유능한 엔지니어로서 직장에서 존중받는 위치에 있었음에도 책상 서랍 속에 항상 사직서를 써 놓고 일을 하셨다. 그만큼 경영진과 마찰을 빚을 일이 많았던 까닭이었는데, 기술의 혁신을 통해 공공의 이익에 봉사하는 기업을 이루고자 했던 엔지니어의 바람은 이윤추구를 위해 사람을 도구화하고 때로는 비리조차 불사했던 구시대 기업인들의 행태와 불화할 수밖에 없었던 것이다. 결코 적당히 타협하고 넘어가지 않는 강직한 성품 때문에 아버지 스스로 얼마나 힘겨웠을지, 그런 아버지에게 위로가 되기는커녕 오히려 상처만 안겨드렸던 지난 일들이 회한으로 쌓여 가슴을 아프게 한다.

그리고 아버지와 함께했던 모든 시간이 새로운 의미로 되살아나면서, 아버지의 시대는 거울이 되어 오늘을 비추어 준다. 이제 아버지의 이야기를 그저 땅에 묻어버릴 것인지 소중하게 반추해 볼 것인지에 대한 선택은 우리의 몫으로 남겨졌다. 사랑하는 이들의 가슴속에서 영원히 살고 싶은 욕심은 헛된 것이라지만, 아버지를 기억 속에 붙들어 두려는 무의식 깊은 곳으로부터 훗날 나의 삶은 무엇으로 기억될 것인가라는 질문이 솟아난다. 사람은 누구나 나름대로 기념비적인 존재이기에 내가 세상에 남긴 흔적들은 다시 누군가의 슬픔과 기쁨으로 간직되리라.

내가 감옥에서 출소하여 오랜만에 아버지의 집으로 돌아왔던 95년 봄에 어린 조카들이 새록새록 자라나는 모습을 지켜볼 수 있게 된 것이 무엇보다 신선한 기쁨이었다. 우리가 라디오 앞에서 노래를 따라 부르던 나이에 아이들은 컴퓨터 게임에 몰두하고 있었고, 이제는 인터넷에 UCC를 올리고 디지털 카메라와 MP3는 물론 첨단의 영상수신 기능까지 장착된 스마트폰의 출현에 열광하는 신세대로 살아가고 있다. 저마다 다른 주파수의 개인 방송국이 된 저 아이들은 분명 라디오 시대의 구세대보다는 기술적으로나 문화적으로 진보한 시대를 이끌어가게 될 것이다. 하지만 이 시대 젊은이들의 개성과 창의성은 사이버 공간에서만 반짝이고 있는 듯하다. 그러므로 어떤 계기를 통해 저들이 공동체의 책임 있는 주체로 일어서게 될지 지켜볼 일이다.

21세기에 접어들어서도 나라 안팎을 넘어서 가진 자와 빼앗긴 자 사이의 계급 문제는 엄연히 현재진행형으로 남아 있지만, 과거와는 다른 방식과 대안으로 그것을 해결해 나가는 일이 새로운 시대의 과제라고 생각한다. 우리에게 부강한 나라를 물려주고자 했던 아버지들의 소망, 정의롭고 민주적인 사회를 꿈꾸었던 우리 세대의 몸부림을 넘어 신세대 젊은이들이 세계 평화의 메신저가 되는 자랑스러운 한국인으로 살아갈 날을 그려본다.

그들에게 낡은 라디오가 놓여 있는 빛바랜 사진과도 같은 할아버지의 이야기는 무슨 의미가 있을까. 아이들과 함께 이 사진을 불빛에 비추어보면서 우리의 삶도 언젠가는 하나의 장면으로 남겨진다는 것, 그리고 뿌리로부터 힘을 길어 올릴 줄 아는 나무처럼 단단하게 새 시대를 꽃 피우는 꿈에 대해서 서로 공감할 수 있으면 좋겠다.

마지막으로 이 책을 펴내는 데 힘이 되어준 분들을 가슴 깊이 새겨두고자 한다. 먼저 2007년에 첫 출판을 맡아준 강무성 님께 거듭해서 감사드린다. 9년만에 색다른 감각으로 책을 디자인 해준 홍동원 님, 〈느린걸음〉 출판사의 임소희 대표와 윤지혜 디자이너의 수고에 무엇으로 보답할 수 있을까. 추천사를 써주신 한중일 비교문화연구소의 이어령 이사장님, 휴맥스 홀딩스의 변대규 회장님, 자문역을 맡아주신 LG인화원의 이병남 고문님께도 고개 숙여 감사드린다. 그리고 KBS '과학의 달' 특집 다큐멘터리 제작팀 박수진 PD와 박보영 작가 덕분에 좋은 인연들을 만나게 되어서 정말 고마웠다. 아버지의 라디오를 부활시켜준 김홍일 선생님과 더불어 도움을 준 LG전자 문동욱 수석연구원과 개발팀, 홍보팀에도 감사 인사를 전하고 싶다. 이 책에 실린 라디오의 사진촬영을 해준 이상엽 작가와 사진촬영에 협조해준 KBS 방송박물관 준비위원께도 다시금 고마운 마음을 전한다.

아버지가 세상을 떠난 지 어느덧 10년이 넘었다. 돌아가시기 이태 전이었던 2003년 가을부터 노환으로 쇠약해진 아버지가 조금이라도 병고를 잊고 몰두할 만한 소일거리를 만들어드리고 싶어서, 아버지의 이야기를 기록으로 남기도록 제안하고 집필을 도왔다. 아버지가 직접 쓴 원고를 받아서 타이핑하여 나에게 넘겨주었던 며느리 김혜영의 말없는 수고도 잊을 수 없을 것이다. 그 무렵 나는 거의 주말마다 아버지를 찾아뵙고 탈고한 원고를 수정하거나, 글의 내용에 대한 대화를 나눔으로써 완성된 친필 원고를 보존할 수 있게 되었다. 그것으로 아버지로부터 받은 사랑의 만분의 일이라도 되돌려 드렸을지 모르지만 최소한의 죄책감은 덜어내고 싶었다. 아버지 생전에 책을 출간할 수 있었더라면 더욱 좋았을 터인데, 2007년 8월 20일 아버지의 삼년상을 맞이하여 영전 앞에 책을 바쳤다. 이번에 새로 태어난 책은 10주기 제사상에 오르게 될 것이다. 이승에서 못다 받은 효도에 갈음하여, 저승에서라도 흐뭇한 웃음으로 받아주시기를 비는 마음 간절하다.

2016년 4월에
김진주

원고지에 육필로 써내려간 아버지의 글은 워낙 상세한 기록이어서 종종 줄거리의 맥락을 벗어난 에피소드가 나열되곤 했다. 그러나 아버지가 문필가가 아니라는 점을 감안해 다소 미숙한 필치가 드러나는 부분도 원형을 살려서, 지난 시대의 단면으로서 소중하게 보존하기로 했다. 다만 독자들과 소통하는 데 어려움이 없도록 초고에 대해서 제한적으로 가필을 했음을 밝힌다. 그리고 자주 등장하는 전문용어에 대해 일일이 주석을 붙이는 것은 시간이 허락되지 않을 뿐 아니라, 아버지의 이야기를 이해하는 데 있어서 결정적인 문제는 아니라고 생각해서 단념하고 말았다. 이 점에 대해서 독자 여러분의 양해를 구하고자 한다.

손자 김지원에게 전기의 원리를 가르치는 엔지니어 김해수 (2004년 가을)

내가 물려주고 싶은 엔지니어 정신

우리 손자 지원이가 얼마 전에 전화를 걸어왔다. "할아버지, 학교에서 과학탐구 공작물을 만들어 오라고 하는데요, 좀 도와주실 수 있으세요?"하며 어리광 섞인 부탁을 하는 것이었다. 중학교 1학년인 지원이는 내 막내아들의 장남으로, '이우학교'라는 대안학교를 다니고 있다. 이 녀석은 초등학교 시절에 자전거로 전국일주를 하며 만화일기를 쓰기도 했고, 요즘은 새벽부터 어른들 틈에 끼어 축구를 한다고 뛰어다니고, 방학 때는 농악캠프에서 꽹과리를 신나게 두들기는 등 활달할뿐 아니라 속도 깊어서 사랑스러운 소년이다.

나는 손자에게 뭔가 도움이 되는 할애비 노릇을 할 수 있게 된 것이 마냥 즐거워서, 팔순이 넘은 나이가 되도록 평생을 끼고 있는 손때 묻은 공구함을 뒤적이며 아이디어를 모아 보았다. 마침 건전지 몇 개가 눈에 띄기에, 중학교 1학년 수준에 맞추어 전기의 강약을 조절하는 간단한 실험 장치를 만들어 주기로 했다. 그래서 부엌에서 과자를 담았던 목곽을 하나 찾고, 거기에 1.5볼트짜리 건전지 6개를 넣은 다음에 손전등에서 꺼낸 9볼트짜리 미니전구를 전선과 납땜으로 연결하기로 했다. 그리고 옷핀을 구부려 스위치를 만들고, 건전지가 순차적으로 접속됨에 따라 불의 밝기가 달라지는 것을 확인할 수 있는 '빛의 상자'를 손자 녀석과 만들어 볼 작정이었다.

숙제 준비를 대략 마치고 지원이를 집으로 불렀더니, 사내 녀석인지 계집아이인지 분간할 수 없는 단발머리를 휘날리며 달려와 홍조 띤 얼굴로 생글생글 웃고 있었다. 나는 식탁 위에 실험도구들을 올려놓고 약 세 시간에 걸쳐서 전기공학의 기초이론을 설명했다. 내 이야기를 노트에 적어가며 나의 질문에 정확히 답을 하고, 호기심 가득한 눈빛으로 이것저것 살펴보며 새로운 사실을 알고 감동하는 지원이를 바라보면서 나는 무척이나 흐뭇했다. 그리고 문득 이 녀석이 커서 훌륭한 엔지니어가 될 수도 있을 거라는 생각이 스쳐 지나갔다.

그런데 요즘 젊은이들은 이공계를 기피한다고 하지 않는가. 화려한 조명이 비추고 소위 '대박'이 터지는 영상산업이나, 디지털 컨텐츠 개발 분야로 인재들이 몰리는 현실에서 엔지니어들은 스스로를 비하해 '공돌이'라 부른다고 한다. 이런 실정을 알면서 나는 우리 손자에게 굳이 '공돌이'가 되라고 강요하고 싶지는 않다. 그렇지만 오늘날 대한민국이 국내총생산(GDP) 세계 12위에 달하는 경제수준을 누리게 된 동력이 어디에서 나왔겠는가. 'IT강국에서 문화강국으로' 도약하는 꿈에 부풀어 세계를 향해 나아가는 '붉은 악마'들이 자기창조의 뿌리를 갖기 위해서는, 우리나라 전자공업의 발전을 위해 헌신해 온 엔지니어들의 숨은 노고를 알았으면 한다.

나는 일제시대에 태어나 공업전문학교를 졸업하고, 국산 라디오 1호의 설계와 생산을 담당했던 엔지니어다. 젊은 날에 전쟁과 분단의 비극을 온몸으로 겪으며, 폐허 위에서 맨주먹으로 한국의 전자공업 발전과 경제개발을 위해 심혈을 쏟아왔다. 국산 라디오에 이어 국산 TV와 전화기, 콘덴서를 비롯한 전자부품 등 우리나라 전자공업 태동기의 굵직한 기술개발현장을 직접 이끌었던 나는 '근대화 세대'의 일원으로서 오로지 앞만 보고 여기까지 달려온 것이다.

불과 20년 전까지만 해도 선진공업국인 미국이나 일본의 과학기술과 고도의 생산기술에 비하면 우리나라는 한 세기 가량이나 뒤처져 있어서 그들을 따라잡을 엄두도 내지 못했다. 하지만 최근 한국 전자공업의 비약적인 발전과정에는 유능한 젊은 과학자들이 새로운 개념의 연구개발에 대거 참여하고, 진취적인 기업가들이 막대한 투자와 함께 기술자 우대정책을 과감하게 실행했던 비결이 있었다. 그리하여 선진공업국들이 미처 개발하지 못한 분야에서 연달아 성공을 거둠으로써 적어도 첨단 전자공학 기술 분야에서는 자타가 공인하는 선진국이 되었으니 대한민국의 엔지니어로서 흐뭇하고 자랑스럽다.

그런데 우리는 지금 수년째 경제위기를 겪고 있다. 1995년에 도달한 국민소득 1만 달러의 고비를 겨우 넘어선 상태에서, 반도체, 자동차, 무선통신기기, 컴퓨터, 선박 등 5대 주력산업에서 생산기술의 우위가 중국의 추격에 밀리면서 성장잠재력을 잃어가고 있다고 한다. 게다가 쌀 생산 농가가 무너지고, 식량 자급률마저 날로 떨어지고 있는 것도 심각한 문제가 아닐 수 없다. 경제의 무게중심이 제조업에서 서비스산업으로 점차 이동하고 있으나, 문제는 서비스산업의 생산성이 너무 낮다는 점이다. 지식기반 서비스산업의 발전은 제조업 기술의 첨단화의 바탕 위에서 이루어질 때 높은 부가가치의 창출이 가능한데, 그동안 원천기술의 개발을 등한시해온 우리 경제의 약점이 고스란히 드러나고 있는 것이다. 사라지는 일자리와 청년실업, 늘어나는 가계부채, 신용불량자와 파산자들의 불행이 우리 사회를 무겁게 짓누르고 있다. '차세대 성장동력의 창출'을 위해 모두가 부심하고 있지만 앞날은 그리 밝아 보이지 않는다. 물론 이러한 문제들은 우리 경제가 질이 나쁜 고속성장에서 수준 높은 저속성장으로 나아가는 전환기에서 겪어야 할 불가피한 과정일 수도 있을 것이다.

하지만 우리 아들딸과 손자손녀들에게 좀 더 든든한 물질적 기반을 만들어주지 못한 채 경제일선에서 물러나 지나온 생애를 돌아보니 참으로 안타까운 심정이다. 꿈 많은 소년 지원이와 같은 신세대가 살아갈 세상이 순탄치 않으리라는 예감 때문에 뭔가 힘이 되는 기억이라도 물려주고 싶다. 그 기억의 깊이만큼 멀리 내다보며 전진할 수 있으리라고 믿기 때문이다. 그리고 농업이나 공업 등에서 삶의 기본을 충실히 다져야만 사이버 세계와 문화예술 분야의 상상력도 뻗어나갈 수 있는 저력이 생긴다는 점에서, 현장에서 빛을 발하는 '엔지니어 정신'을 젊은 세대에게 불어넣어 주고 싶다.

우리 젊은이들은 역사 속의 많은 엔지니어들이 정직하게 원칙을 지키는 도덕적 자부심으로 낡은 경험과 관습적 사고에 맞서왔다는 사실을 알아주기 바란다. 내가 눈앞의 이익과 이권만 추구했더라면 오로지 우리나라 전자공업 발전에 필요한 기술의 혁신을 위해 과감히 열정을 불사를 수 있었겠는가.

2004년 10월에
김해수

③ 내가 어렸을때에 자라든 경남하동(河東)이란
마을은 무자그 ...

② 1930~1935

박물관을 다녀온후로는 줄곳 전기공학에 흥미를
느꼈으며 책가게에가서 전기공학에관한 몇가지의
책을사서 탐독 하였는데
그때부터 나는 내가공부해야할것은 전기공학이다라고
생각 하게 되었으며 어느 일본인 친구와 같이 공업
학교 전기과로 시험을 쳐서 합격하고 같이 공업학교
전기공학과 3학년생으로 전교을 해 버렸든것 인데
그당시의 파학박물관에 전시되어와든 「원시형 테레비」에
무척이나 강한 인상을 받았든것도 내가전기공학도가
된 인연 이라고 생각 된다

10×20

남달리 전기공학에 관심을 보인 청소년 시절을
생생히 기록한 김해수의 육필원고와 청년시절 사진

1부

도쿄에서
엔지니어가
되다

동네에서 소문난 악동

내가 태어난 해인 1923년에 우리나라는 일본의 식민지배를 받고 있었다. 경상남도 하동에서 아버지가 비교적 큰 건어물 교역상을 하고 계셨던 덕분에 우리 집은 형편이 넉넉해서, 유년기의 나는 식민지의 그늘을 미처 느끼지 못했다. 형님들은 일찍이 일본으로 진출했고, 8남매의 막내였던 나는 부모님의 절대적 사랑 속에서 온갖 개구쟁이짓을 다 하며 자랐다.

보통학교를 다녀오면 책 보따리를 팽개쳐 놓고, 동무들과 어울려 산으로 들로 밤늦도록 뛰어다니다가 머슴이나 누님들이 잡으러 와야만 집으로 돌아가곤 했다. 나에게는 누님이 네 분 있었는데, 누님들이 쓰는 방은 무척 넓어서 밤이면 이웃집 처녀들이 모여들었다. 길게 땋아 내린 머리끝에 빨간 댕기를 감아맨 아가씨들의 소곤거림과 웃음소리가 흘러나오는 그 방은 어린 나에게 늘 호기심을 불러일으켰다.

어느 겨울밤이었던가. 부모님과 같이 자던 나는 밤중에 오줌이 마려워서 마루에 있는 요강에 볼일을 보고 들어가다가, 누님들 방 앞에 놓인 신발들을 보고는 갑자기 장난기가 발동했다. 마루에서 내려와 아래채로 살금살금 다가가서, 창호지문에다 침을 발라 구멍을 낸 뒤에 그 속에 손을 집어넣어 문고리를 벗겼다. 숨을 죽인 채 잠입한 나는 세상모르고 잠들어 있는 누님들의 댕기머리를 골라잡아서 두 사람, 혹은 세 사람의 댕기 끝을 단단히 묶어놓고는 터져 나오는 웃음을 간신히 참으며 부모님 방으로 돌아왔다. 이불속으로 쏙 들어가서 머리만 밖으로 내놓고, 이제나 저제나 기다리고 있으니까 드디어 비명 소리가 나기 시작했다. 조용한 밤중에 "아이쿠, 아얏! 놓아라. 누구야?" 하고 일대소동이 일어나는 것을 들으며 나는 달콤한 꿈속으로 빠져들었다. 다음날 아침에 누님들이 아버님께 "해수 요놈의 짓"이라고 일러바쳐도 나는 겁날 게 없었다. 어머니가 "처녀애들이 잠버릇이 험하니까, 밤중에 댕기가 엉킨게지..." 하며 웃어넘기시면 끝나는 일이었던 것이다.

물론 내 장난질이 모두 무사히 넘어가는 것만은 아니었다. 철없던 나는 어머니의 돈 주머니를 마치 내 저금통처럼 수시로 털어내곤 했다. 우리 어머니는 안방 벽에 돈 주머니를 걸어두곤 했는데, 내가 동전을 몇 개씩 꺼내 써도 아시는지 모르시는지 아무 말씀이 없으셨다. 그런데 어느 날 나는 어머니의 주머니에서 둘레에 오톨도톨한 톱니가 있는 오십 전짜리 은전 두 개를 엉겁결에 꺼내고야 말았다. 패거리 다섯 명을 이끌고 읍내로 가서 중국집 호떡 가게에서 삼각형 찐빵 두 개씩을 사먹였는데, 은전을 내놓으니까 엄청나게 많은 동전을 거슬러 주는 것이었다. 놀란 가슴을 두근거리며 사탕가게로 가서 아이들에게 커다란 눈깔사탕을 열 개씩이나 사주어도 아직 돈이 많이 남아있는 게 아닌가. 이번에는 일본사람의 가게로 가서 이것저것 만져보다가 20전짜리 장난감 연발권총을 하나씩 사고, 권총에 넣을 화약 테이프를 열 개나 샀는데도 돈이 남아서, 연필도 세 개씩 사서 나누어 가졌다. 한결 주머니가 가벼워진 나는 신바람이 나서 동네 뒷산으로 달려갔다. 거기서 교대로 연발권총을 쏴대며 실컷 놀다가, 밤이 되자 권총과 동전을 싸서 우리 집 뒤란에 파묻고 나는 태연히 시치미를 떼면서 마당으로 들어섰다. 그런데 아뿔싸! 아버지가 엄한 눈빛으로 매를 들고 계시는 게 아닌가. 내가 동네 아이들을 몰고 비싼 연발권총을 빵빵 쏘며 다니더라는 정보가 벌써 아버지의 귀에 들어간 것이었다. 아버지는 매로 내 종아리를 몇 차례 내려친 뒤에 권총을 가져오라고 호령하셨다. 하는 수 없이 뒤란에 묻어둔 권총을 꺼내오자 아버지는 그것을 망치로 탕탕 부수어 버렸다. 나는 무엇보다 권총이 아까운 생각이 들어서 울음을 참을 수가 없었다.

우리 아버지는 막내아들의 개구쟁이 노릇 때문에 자주 비싼 대가를 치르셔야 했다. 우리 집 텃밭에 참외, 수박이 얼마든지 있었는데도 나는 패거리들과 함께 남의 밭에서 수박서리를 하곤 했다. 한번은 수박서리를 하는데 원두막에서 "이놈들, 누구냐?"하는 노인의 목소리가 들렸다. 놀라서 간이 콩알만 해졌지만 앞집의 재호란 놈이 "이놈의 영감쟁이 내려오기만 해라!"하고 소리를 지르니까, 영감님은 담배만 뻐끔뻐끔 빨아대고 있는 것이었다. 그러면서 "이놈의 새끼들 내가 못 잡을 줄 알고? 두고 보자!"하면서 소리를 질러댔다. 그러자 쌀집 아들 진기란 놈이 "땡감쟁이야, 자꾸 그리 욕하면 외막에 쳐올라간다!"라고 대꾸하자 노인은 겁이 났는지 조용해졌다. 우리는 잘 익은 수박을 몇 개 깨서 실컷 먹고 참외까지 자루에 싸가지고 각자 집으로 돌아갔는데, 이튿날 아침에 학교 정문 앞에서 선생님의 야단을 맞으며 쭈그리고 앉아 있는 재호와 진기 옆에, 외막을 지키던 노인이 서 있는 게 아닌가. 지레 겁에 질린 공범 다섯 놈은 모두 그 자리에서 자수를 하고 말았다. 전날 밤 우리가 "재호야, 진기야, 해수야..."하면서 서로를 불렀던 이름을 그 영감이 낱낱이 적어놓았을 줄이야. 아침부터 학교에 불려나온 우리 아버지가 노인이 달라는 대로 배상금을 지불하고 나서야 우리는 겨우 풀려났는데, 잔뜩 움츠리고 눈치만 슬슬 살피는 나를 아버지는 아무 일도 없었던 듯 대해주셨다.

항상 기운이 남아돌아가는 악동들은 읍에서 하동장이 서는 날이면 오가는 장꾼들을 괴롭히는 일에 몰두했다. 장날 아침에 촌에서 농산물이나 땔감을 이고 지고 읍내로 들어왔다가 저녁 무렵에 가족에게 줄 선물이나 반찬을 사가지고 집으로 돌아가는 장꾼들을 상대로 한 장난질 가운데 고전적인 것은 '똥주머니 포장'이었다. 우리들의 따뜻한 배설물을 신문지로 두텁게 싸가지고, 그것을 다시 고운 포장지와 끈으로 묶어서 길가에 놓아두고는 몰래 숨어서 지켜보는 것이었다. 장꾼들이 그것을 얼른 주워서 가슴에 넣고 가다가 사람들의 눈을 피해서 포장을 풀어보고는 깜짝 놀라서 땅에 내던지는 모습을 보고, 멀리서 놀려대다가 도망치는 재미가 얼마나 짜릿하던지.

하지만 이런 평범한 장난에 식상해진 우리는 촌사람의 갓 벗기기 작전을 고안해냈다. 해질 무렵 어둑해진 도로의 양편에 드문드문 서 있는 포플러 나무를 골라서, 집에서 가져온 가느다란 철사를 적당한 높이에서 팽팽하게 매어두면 지나가던 어른들의 갓이 걸려서 벗겨지거나, 때로는 갓이 부서져서 땅에 떨어지기도 했다. 그런데 한번은 어느 촌 영감님의 갓이 철사에 걸려서 부서졌는데, 그 노인은 그 자리에 주저앉아서 대성통곡을 하는 것이었다. "이 놈들아, 이 나쁜 놈들아. 이 갓이 어떤 갓인 줄 아느냐? 우리 집안 대대로 내려오는 통영갓이 부서지다니. 돈으로 따져도 몇 백원이나 되는 것이고, 조상님이 물려주신 유산인데. 이 나쁜 놈들아, 내 갓을 물려내라" 하면서 땅을 치며 계속 울어대니까 그 소문이 온 동네로 퍼져나갔다. 소문을 들은 아버지는 우리 집 사서였던 정씨 아저씨를 보내서 그 노인을 모시고 오게 했다. 그리고 한번도 쓰지 않고 갓 함에 고이 모셔두었던 진짜 통영갓을 내어 드리고, 정중하게 사과를 올려서 돌아가시도록 했다.

아버지의 호된 꾸지람을 들은 후에 다시는 갓 벗기기 장난을 할 수는 없었지만, 동네 개구쟁이들의 골목대장이었던 나의 장난꾸러기 행각은 거기서 그치지 않았다. 각목에 못을 박아서 도로 가운데 고정해 놓았다가 지나가는 트럭의 타이어에 펑크를 내기도 하는 등, 날이 갈수록 장난의 도구와 기술도 늘어났다. 심지어 삼촌의 자전거에서 빼낸 반사경 렌즈를 이용해서 환등기 같은 것을 만들다가 들켜서 혼이 나기도 했다. 이렇듯 어린 시절에 나의 창의력은 마땅한 분출구를 찾지 못하고, 온통 악동 노릇에 집중되었던 것 같다.

집안 내림이었던 낚시 취미

우리 아버지 김金 종鍾자 옥玉자 어른은 고향에서 '김 참봉'으로 통했다. 참봉이란 조선시대 종 9품 관직을 일컫는 것이었으나 일제시대가 되자 이러한 벼슬자리가 별 의미가 없어졌으므로, 김해 김씨 종가를 이끌면서 문중의 일을 돌보는 한편으로 건어물 교역상을 운영했다. 원래 고향은 경상남도 거창이었지만 내가 세 살 때 온 집안이 하동으로 이주하게 됨으로써 나는 하동을 고향으로 여기면서 자랐다. 아버지는 하얀 두루마기를 갖추어 입은 점잖은 멋쟁이로 기억하는데, 경주 석昔씨 출신에 후안厚顔이란 이름을 가졌던 우리 어머니가 사시사철 아버지의 두루마기를 반듯하게 다림질해서 입히느라고 애쓰던 모습이 눈에 삼삼하다.

부모님은 슬하에 8남매를 두었고, 장남인 덕수를 비롯해서 장수, 학수, 해수까지 네 아들과 복수, 명수, 은수, 말수라는 네 딸을 낳아서 키우셨다. 그 중 막내였던 나에게는 어릴 적부터 아버지의 밥상에 겸상하고 앉아서 갖은 산해진미를 맛보는 특권이 허락되었을뿐 아니라, 일곱 살이 되자 아버지를 따라서 잉어낚시를 다니게 됨으로써 신나고 행복한 소년시절의 추억을 간직할 수 있었다.

거창에 살면서 지리산 계곡의 웅덩이에서 잉어낚시를 즐겼던 아버지는 '건지채'라는 낚시도구를 고안해가지고 하동으로 와서는 섬진강에 지천으로 돌아다니는 잉어를 수없이 낚아 올렸다. 그때 하동에서는 아무도 잉어를 잡을 생각을 못하던 시절이었기 때문에 아버지의 발명품인 건지채를 얻으려고 낚시꾼들이 줄을 섰다는 것이었다. 아버지는 그 낚싯대를 만들기 위해서 가끔 뒷산의 대밭으로 가서 대를 고르시곤 했는데, 아버지가 머슴을 시켜 대나무 뿌리를 캐내고 잔가지를 쳐서 집으로 운반하는 동안 나는 대밭을 누비고 다니며 놀았다. 아버지는 마당으로 옮겨진 대나무 밑둥을 칼로 곱게 베어낸 다음, 짚불을 태우고 남은 재의 열기로 조심스럽게 대를 구워 곧게 펴면서 노릇노릇한 색깔이 날 때까지 완성하는 일을 즐기셨다. 그렇게 손수 만드신 낚싯대는 항상 우리 집 처마 밑에 가로로 걸려 있었고, 아버지가 나를 위해서 만들어주신 짧은 낚싯대도 거기에 나란히 올려졌다.

아버지가 낚시를 가는 날이면 점심식사를 낚시터까지 지게로 나르는 일로 어머니와 누님들이 부산스러웠는데, 아버지의 밥그릇과 국그릇에 명주솜 주머니를 입혀서 따끈따끈하게 보온까지 해서 보냈던 어머니의 정성은 어린 내가 보기에도 정말 지극했다. 술을 못 하시는 아버지가 늦은 밤에 드실 간식을 계절에 따라 장만

하느라고 냉장고도 없었던 시절에 토굴을 이용했던 어머니의 과학적인 식품관리법에 감탄하는 사람들도 많았다. 아버지가 섬진강변 기슭에 건지채 세 개를 걸어놓고 50~70m 길이의 낚싯줄을 강심 쪽으로 던지면 하루에 잉어가 열 마리도 넘게 잡혀서, 돌아올 때는 우리 집 머슴이 '옹거발 지게'로 지고 와야 했다. 그렇게 많은 잉어는 여기저기 선물로 보내주기도 하고, 어머니가 잉어 고추장조림으로 만드셨다. 아버지가 즐겨드셨기 때문에 나도 그 반찬에 맛을 들였다.

아버지의 낚시 취미는 유전이 되었던지 큰형님도 낚시를 좋아했다. 형님은 민물고기로서는 귀족에 속하는 은어잡이로 하동읍내에서 유명했다. 은어는 강이나 계곡의 바닥에 있는 돌이나 자갈 표면의 이끼만을 먹고사는 놈이라서 달리 미끼를 사용할 수 없었기에 투망으로 잡거나 '친구걸기'라는 방법을 썼다. '친구걸기'를 하려면 먼저 살아있는 은어 한 마리를 잡아서 낚싯줄 끝에 그 놈을 단단히 매는데, 은어가 자유롭게 움직일 수 있도록 주의해야 했다. 그런 다음에 10cm 정도의 낚싯줄에 3지 낚시 바늘 하나를 묶어서 은어의 꽁지 뒤로 늘여서 달아 놓으면 준비가 끝나는 것이었다. 꼬리에 낚시 바늘을 매단 은어를 물통에 넣어서 들고 다니다가 은어 떼가 몰려다니며 노는 곳에 슬며시 던져 넣으면 바로 낚시 바늘에 친구 한 놈이 걸려드는 것이었다. 그러면 낚싯대를 올려서 친구 은어만 떼어내고 다시 물 속에 집어넣기를 반복해서 10~30마리 정도의 은어를 금방 낚아 올릴 수 있었는데, 이 방법은 사실 좀 야비하기 때문에 주로 투망 낚시를 즐겼다.

형님은 한여름의 은어낚시를 위해서 겨울부터 투망을 준비했다. 형님이 만든 투망은 마치 예술품 같아서 은어잡이용으로는 지나치게 호사스러워 보였다. 보통은 무명실로 투망을 떴지만 형님은 비싼 명주실을 써서 훨씬 가벼우면서도 물에 잘 가라앉고 질긴 투망을 만들었다.

봄빛이 완연한 5월부터 바다에서 섬진강 상류를 향해 은어새끼들이 올라오기 시작해서, 청정한 개울의 돌이끼를 먹고 자란 은어 떼의 군무가 펼쳐지는 계절이 되면 드디어 우리 형님이 등장할 때가 온 것이었다.

신록이 푸르른 초여름 아침, 산뜻한 반바지에 긴 양말을 신고 운동모까지 눌러 쓴 형님이 어깨에 하얀 명주 투망을 걸치고 나서면 나는 형님을 놓칠세라 서둘러 따라붙어야 했다. 나룻배로 섬진강을 건너서 광양의 옥곡까지 가는 데는 한 시간 반이 족히 걸렸다. 옥곡 개울의 물색은 이름 그대로 옥빛이었는데, 커다란 바위 밑에 둥그렇게 고여 있는 푸른 물웅덩이 속에는 수백 마리 은어들이 서로 엉키고 뱅뱅 돌면서 하얀 구름 덩어리가 춤을 추는 듯 환상적인 장면을 연출했다. 대략 직경 1m 정도의 원형을 이루어 몰려다니는 은어 떼를 응시하면서 바위 주변을 돌던 형님은 사냥꾼처럼 잽싸게 '싹'하고 투망을 던져서 순식간에 은어 무리 위에 덮어씌우는 것이었다. 나는 그 순간을 기다렸다가 머슴과 함께 텀벙거리며 물 속으로 뛰어 들어가서는 투망 끝에 달린 납덩어리를 밟아서 바닥과 투망 사이의 공간을 막은 다음에, 투망 속에 가둔 은어들을 모래밭 쪽으로 끌어올렸다. 햇빛을 받아 하얗게 뒤척이는 은어들을 미리 준비해둔 물통 속으로 한 마리, 두 마리 세면서 던져 넣을 때면 신명에 겨운 내 목소리가 계곡을 쩌렁쩌렁 울리곤 했다.

한 번 투망질에 30마리 정도의 은어가 잡혔는데, 연록색 몸체에 순백색의 입술을 가진 은어에게서는 싱싱한 수박 냄새가 났다. 은어는 공기 중에 두면 금방 숨이 넘어가서 죽은 직후에 몸을 구부리면 '똑'하고 부러져 버릴 만큼 경직되어 있었다. 내장조차 너무 깨끗하고 신비한 이 고기를 먹는 방법도 예사로울 수는 없었다. 먼저 숯불을 피워서 길게 펴놓고는 은어 주둥이에 가느다란 대나무 바늘을 끼워서 숯불 가까운 땅바닥에 거꾸로 꽂은 다음에 서서히 돌려가면서 은근하게 굽는 것이었다. 이렇게 구워낸 연황색 은어는 비할 데 없는 '천상의 맛'이었는데, 소년 시절에 그렇게 길들여진 입맛 때문에 나는 자연히 식성이 까다로울 수밖에 없었다.

훗날 부산에서 금성사의 일을 하던 무렵부터 나는 회사 동료들과 함께 김해평야의 낙동강 샛강으로 가서 붕어낚시를 즐겼다. 그리고 서울 본사로 발령을 받게 된 후에는 주말이면 서울 근교의 보통리 저수지나 예당 저수지 등에서 주로 시간을 보냈기 때문에 '낚시광'이라는 소리를 듣기도 했다. 말년에는 누님이 계신 이진암에 기거하면서 거제도 바닷가에서 바다낚시에 몰두하기도 했는데, 절집에 인연을 맺은 사람이 살생을 일삼는다고 아내의 눈총을 받아가면서도 낚시질을 그만둘 수가 없었다. 일찍이 아버지와 형님으로부터 물려받아서 유전자 속에 깊이 각인된 낚시 취미는 내 몸과 마음의 건강을 지켜주는 보루였기 때문이다. 요즘 들어 나를 위해서 희생된 수많은 고기들의 영령 앞에 속죄하는 마음을 갖게 된 것은 내가 죽을 때가 다 된 까닭이라고 봐야 할 것이다.

도쿄로 유학을 간 소년

1937년 3월 1일, 보통학교 6학년을 졸업하고 열네 살의 소년이 된 나는 부산에서 관부연락선을 타고 일본의 시모노세키에 도착했다. 시모노세키에서 다시 기차를 타고 도쿄에 있는 형님 집으로 가는데, 창밖에 하얗게 눈 덮인 산야가 끝없이 펼쳐지던 풍경이 지금도 기억에 생생하다.

내가 도쿄에 가기 며칠 전인 2월 26일은 일본의 군부가 우익 쿠데타를 일으킨 날이었다. 이 쿠데타를 통해서 군벌들은 친서방 정부 관료들을 몰아내고 노골적으로 군국주의 노선을 밀고 나가기 시작했다. 그러나 식민지 조선에서 친일 교육만 받으며 자란 어린 '조센징'이 그런 역사의 의미를 알 턱이 없었다. 한창 호기심 많은 나이에 낯설고 큰 도시를 구경하게 된 나는 보이는 것, 들리는 것, 먹고 마시는 것 등이 온통 신기하고 재미있을 뿐이었다. 다만 한 가지 '서쪽 하늘 병'이 문제였다. 해질 무렵에 서쪽 하늘만 보면 엄마 생각이 자꾸만 나서 나도 모르게 눈물을 쪼르르 흘리다가, 잘 때도 엄마가 보고 싶어서 울다가 잠이 들곤 하는 것이었다. 열네 살이 되도록 어머니의 가슴에다 손을 넣고서야 잠이 들던 막내둥이가 갑자기 그 품을 떠났으니, 둥지 잃은 새처럼 허전한 존재의 외로움을 한동안 시름시름 앓아야만 했다.

도쿄의 히가시센조쿠東洗足이라는 곳에 있던 둘째 형님의 집은 전형적인 일본식 목조건물의 2층집이었다. 이 집의 아래층에서 형님은 미니전구 제조업을 하고 있었다. 공장주인 형님을 포함해서 기술자 세 명과 조선에서 데리고 온 16세의 견습공 세 명이 일하는 가내공업이었다. 아래층에는 공장으로 쓰는 공간과 견습공들의 침실 겸 식당으로 쓰는 방과 부엌이 있었고, 뒷마당도 꽤 넓은 편이었다. 이층에는 형님 내외가 쓰는 커다란 안방과 내가 혼자 자는 다다미 석 장짜리 작은 방이 있었다.

술을 좋아하는 형님이 거나하게 취하면 도쿄 한가운데서 가내공업을 차리게 된 사연을 무용담처럼 내게 들려주곤 했다. 형님은 거창에서 보통학교를 졸업했는데, 외삼촌인 석선도 어른이 형님을 정치인으로 키우기 위해서 도쿄로 데리고 갔다는 것이다. 당시 친일 정객이었던 것으로 짐작되는 외삼촌은 자신과 막역한 사이였던 일본의 유명한 정치인에게 어린 조카를 맡겼다. 엄청나게 큰 저택의 문간방에서 함께 기숙하는 서생들의 담배 심부름이나 하다가, 때로 얻어맞기도 했던 형님은 마치 그곳이 감옥 같은 느낌이 들어서 어느 날 도망을 나왔다는 것이다. 무작정 도쿄 시내를 방황하던 형님은 우연히 이소베 겐사쿠磯部源作라는 분을 만나서, 그 집에 살면서 낮에는 미니전구 제조공으로 일하고 밤에는 야간 중학교를 다니게 되었다. 그 후 10년 동안 충실히 일을 하다보니까 이소베 선생의 신임을 받아서, 결국은 그분이 하청공장을 차려줌으로써 작은 공장의 주인이 될 수 있었던 것이다.

내가 도쿄에 도착한 날 형님은 나를 이소베 선생 댁으로 데리고 가서 인사를 시켰다. 선생은 내 이름의 일본식 발음인 '카이슈海洙'가 메이지유신 시대의 지사였던 가쓰 카이슈勝海舟와 같다고 하면서 좋아했다. 그리고 얼마 지나지 않아서 내가 일본의 갑종 중학교 시험에 단번에 합격해 버린 일을 무척 놀라워했다. 축하의 뜻으로 학생복과 구두와 가방을 비롯해서 모든 학용품을 사주었고, 학교를 마치면 반드시 자기 집에 들러서 간식과 저녁밥을 먹고 가라고 명령을 하다시피 했던 것이다.

그 후로도 나는 종종 이소베 선생의 '명령' 덕을 보게 되었다. 중학교 2학년 여름방학이 다가오자 형님에게 고향에 다녀오고 싶다고 졸랐더니, "내년에 보내줄게" 하면서 매정하게 구는 것이 아닌가. 그래서 나는 하는 수 없이 이소베 선생에게 형님을 설득해달라고 부탁을 하게 되었다. 이소베 선생이 바로 형님을 불러서, "여비는 내가 줄 터이니 카이슈를 집에 보내라"고 하는 바람에 나는 소원을 이룰 수 있게 되었다.

방학이 되어 도쿄를 떠나기 전에, 이소베 선생이 주는 여비와 형님이 주는 용돈까지 받아서 호주머니 사정이 넉넉해진 나는 어머니와 누나들에게 줄 선물과 고향 친구들에게 나누어 줄 작은 기념품들을 샀다. 그리고 교복도 내 손으로 빨아서 다림질까지 해 두었다가 입고 나섰다. 학교 마크가 황동색으로 빛나는 교모를 쓰고 나타나면 우리 엄마가 얼마나 좋아하실까, 생각만 해도 가슴이 울렁울렁해서 노래가 절로 흘러나올 것만 같았다.

도쿄를 떠나서 시모노세키로 향하는 기차는 일본 동해안을 따라 달렸다. 차창으로 보이는 여름바다의 풍광은 눈부시게 아름다웠다. 앞자리에 앉은 40대 신사는 내가 부산으로 간다고 하니까, 일본말을 너무 잘해서 조선 학생인 줄 몰랐다고 하면서 자신은 고등학교 선생인데 규슈에 있는 집으로 간다고 했다.

오사카를 지날 무렵부터 슬슬 배가 고파오기 시작했다. 하지만 처음 도쿄로 갈 때 먹었던 히로시마의 도미살 도시락'타이벤또'이 무척 맛있었던 기억이 나서 허기를 참고 있었다. 그런데 기차가 세토나이카이 해안을 지날 때 끝없는 수평선을 바라보고 있던 나는 히로시마 역이 얼마 남지 않은 때 깜박 잠이 들고 말았다. 어디선가 기차가 크게 덜컹거리는 소리에 잠을 깨어 보니, 앞자리의 신사가 도시락을 먹고 있는 것이었다. 내가 깜짝 놀라며 "선생님, 히로시마를 벌써 지났습니까?"라고 묻자, 눈치 빠른 신사는 빙그레 웃으며 "자네도 히로시마에서 타이벤또를 사려고 했나? 마침 잘 됐어. 내가 집에 가져가려고 도시락 몇 개를 더 샀거든" 하면서 가방에서 도시락을 하나 꺼내 주었다. 귀향길에 다시 먹어본 그 도미살 도시락은 두고두고 잊을 수 없는 최고의 맛이었다.

숨어서 배운 라디오 기술

내가 도쿄에서 일류 중학교인 릿쇼立正학교에 합격하자, 형님은 친구들을 불러모아 동생 자랑을 하면서 장차 쇼와이센昭和, 의학전문학교에 보내서 의사를 만들겠다고 큰소리를 쳤다.

나는 늘 상위권의 성적을 유지했기 때문에 일본 친구들과도 잘 지내는 편이었다. 친구들은 내 키가 작다고 '찌비 킹'작은 킹이라는 별명으로 불렀다. 그런데 어느 날 한 녀석이 "조센징은 돼지 엉덩이를 산 채로 칼로 베어 먹고, 그 상처에 된장을 발라놓았다가 살이 돋아나면 또 베어서 먹는다"고 우겨대는 것이었다. 약이 오른 나는 덩치도 큰 그 친구를 때려눕혀서 코피가 나게 만들었는데, 그 일로 선생님의 꾸중을 듣기도 했다.

중학교 2학년 때 우에노에 있는 과학박물관을 견학한 일이 있었다. 그곳에서 백열전구 등 에디슨의 발명품을 보면서 감탄했지만, 무엇보다 박물관 내의 미래관에서 전시된 원시형 송상送像 장치 앞에서 강한 인상을 받았다. 사람들이 장차 그림이나 사진을 먼 곳으로 즉시 보낼 수 있을 것이라는 설명을 들은 이후로 나는 전기공학에 흥미를 느끼기 시작해서 몇 가지 책을 사서 탐독하게 되었다. 뿐만 아니라 그 일을 계기로 나는 형님의 반대를 무릅쓰고 중학교 3학년 때 공업학교로 시험을 쳐서 전학을 해버렸다. 그리고 이듬해에는 다시 시험을 쳐서 지금의 시바우라 공업대학芝浦工大의 전신인 동경고공東京高工의 전기학과로 월반 입학을 했다.

이 무렵부터 나는 일본인 친구와 같이 라디오를 조립하는 취미에 흠뻑 빠져들었다. 책을 산다고 형님에게 거짓말을 해가지고 타낸 돈으로 시나가와 역전에 즐비하던 라디오 부속품 가게를 뻔질나게 드나들었다. 형님이 용돈을 충분히 대어주지 못하는 것을 알게 된 이소베 선생이 나에게 따로 실습비를 주기도 했다. 밤늦도록 내 방에 틀어박혀서 라디오 조립에 열중하다가, 한밤중에 제멋대로 삑삑 터져 나오는 날카로운 전파소리에 단잠을 깬 형님에게 얻어맞지 않으려면 이불을 둘러쓰고 작업을 해야 했다. 그런 형님도 내가 책상서랍을 케이스 삼아서 만든 라디오가 제대로 소리를 내기 시작하자 공장으로 가져가서 오가는 사람들에게 "내 동생이 만든 거야!"라고 자랑하면서 기뻐했다.

학교에서는 주로 강전強電에 대한 공부와 실습을 했는데, 일본인 후쿠다福田 선생님은 때로는 위험한 고압전류를 다루는 실험실에서 당신의 수족처럼 움직이는 내가 조교로서 도와드려야만 실습을 시작하곤 했다. 그리고 밤에는 혼자서 라디오와 단파 송수신기를 조립하면서 무선공학을 공부하고, 약전弱電의 원리를 익히게 된 것이었다. 학창시절에 강전과 약전을 두루 섭렵한 공부가 평생을 통해서 내 운명에 결정적인 영향을 미치게 될 줄은 미처 알지 못했던 시절이었다.

강전이란 전동기나 발전기 등의 전력발생장치, 전열기나 조명등과 같이 빛과 열을 내는 기구, 전력을 먼 곳으로 보내고 받는 송전과 수전 시설 등 비교적 큰 에너지의 전력을 운용하는 것을 말한다. 그리고 약전은 유무선통신이나 전기화학, 전기계산 등, 적은 양의 에너지를 소비하면서도 정교한 기술을 필요로 하는 분야였다. 강전이나 약전이나 지구상에서 인류가 발견한 소중하고 편리한 전기에너지라는 점에서는 다르지 않지만 전기공학상의 쓰임새에 따라 구분해서 취급하게 된 것이다. 요즘은 강전과 약전이란 말 대신에 전기와 전자라는 용어를 사용하고 있는데, 전기 분야의 기술은 예나 지금이나 크게 달라진 바가 없는 반면에 20세기 후반에 이루어진 전자공학의 급속한 발전에 대해서는 전문가로서도 실로 놀라움을 금할 수 없다. 불과 20년 전까지만 해도 미국이나 일본의 기술력에 비해서 50년 이상 뒤처져 있던 우리나라가 최근 전자공업의 첨단 분야에서 선진국과 나란히 어깨를 겨루게 되었다는 사실은 참으로 자랑스러운 일이다.

내가 졸업반이 되었을 때는 태평양전쟁에서 일본의 패색이 완연해졌다. 주도인 도쿄마저 미 공군의 사정권 내에 들게 되자, 일본 군부는 재학 중인 공업전문학교 졸업생들을 조기에 졸업시켜서 병참 공장으로 배치하라는 긴급명령을 내렸다. 나는 조선 출신이라고 해서 경기도 부평에 있는 '인천 조병창소총제조공장'의 전기주임으로 발령을 받게 되었다.

1943년 초봄이었다. 학교에서 갑작스럽게 10일 이내로 직장에 부임하라는 명령서를 받고는 몹시 당황할 수밖에 없었다. 일본과 조선 사이에 유일한 교통수단이었던 관부연락선을 타기 위해서는 하루바삐 도쿄를 떠나야 했기 때문에 쫓기듯이 짐을 꾸려야만 했다. 형님도 어쩔 줄 몰라 하셨지만 이소베 선생 내외의 낙심도 이만저만이 아니었다. 무엇보다 이소베 선생의 외동딸인 에스코悅子가 어찌나 슬피 울어대는지, 나도 눈물을 감출 수가 없었다.

에스코는 내가 처음 도쿄에서 공부를 시작할 때부터 나를 '니이짱'오빠이라고 부르던 두 살 아래의 귀염둥이 아가씨였다. 학교수업을 마친 내가 이소베 선생 집으로 가서 에스코의 어머니가 준비해 주신 간식을 나누어 먹고는 함께 숙제를 하고, 저녁밥까지 먹고 놀다가 아쉽게 헤어지던 날들이 얼마였던가. 세월이 흘러서 내 얼굴에 여기저기 여드름이 생기기 시작하면서부터 나는 에스코가 참 예쁘다는 느낌을 갖게 되었다. 그렇지만 나를 친오빠처럼 따르는 에스코가 여자로 다가오는 모습을 애써 외면하고 동생으로 대해야 한다고 나는 스스로 다짐하곤 했다. 그럼에도 우리는 무언중에 서로 미래를 약속한 사이처럼 붙어 다녔고, 주변에서도 우리 사이를 인정하는 분위기가 무르익어가고 있었다. 이소베 선생조차 일본민족은 원래 동양각국의 혼성민족이니, 에스코가 카이슈

오빠에게 시집을 가도 무방하다고 농담 삼아 말하기도 했던 것이다. 전시상황에서 기약 없는 생이별을 하게 되었지만 나는 에스코를 그 이후에 다시 만날 수 없게 되리라고는 생각하지 않았다. 그러나 눈물에 젖은 에스코의 마지막 모습은 내 가슴 속에 영원한 아픔으로 새겨졌다.

　이미 도쿄에도 미 공군의 폭격이 시작되고 있었다. 나는 도쿄역에서 일본 육군성의 부임 명령서를 보이고 나서야 겨우 기차를 타게 되었다. 시모노세키에서도 이틀을 기다린 끝에 관부연락선에 올라서, 도쿄를 떠난 지 나흘만에 서울에 도착했다.

일본인도 탐낸 최고의 엔지니어

그리운 고국으로 오랜만에 돌아왔지만 고향에 가 볼 틈도 주어지지 않았다. 전쟁의 긴장감이 감도는 서울역에서, 나를 마중 나온 큰형님을 따라서 곧바로 인천 조병창으로 향했다.

선임자인 일본인 전기과장은 이미 남방의 전장으로 긴급 전속되고 없는 상황에서 나는 전기주임으로 부임신고를 했다. 낮에는 거대한 공장의 어마어마한 전기시설들을 둘러보고, 저녁에 숙소로 안내되었다. 그런데 일본인 독신자의 숙소로 쓰는 신식건물의 도키와료常磐療라는 곳을 한참 지나서, 부평의 허름한 농가를 개조한 조센징료朝鮮人療로 나를 안내하는 것이었다. 조병창에서 일하는 조선인들이 기숙하는 그곳에서는 새로 부임한 젊은 주임을 환영하는 간소한 술자리가 벌어졌는데, 군대와 같은 규율 속에서 조센징을 억압하는 일본인들에 대한 분노가 만만치 않음을 느낄 수 있었다. 나는 '이것이 내선일체內鮮一體이며, 일시동인一視同仁의 조선인에 대한 황민^{皇民}정책이냐' 라는 회의와 함께 분한 생각이 들었다. 그리고 아직 세상물정 모르는 새파란 나이였지만 그곳에서 일하는 동안 조선인과 일본인 사이에서 나의 입지가 몹시 어려워질 것이 불을 보듯 뻔했다. 그래서 나는 순간적으로 탈출을 결심하고, 야반도주를 하게 되었다.

밤중에 합숙소를 빠져나온 나는 조병창으로 부임하기 직전에 잠깐 들러서 인사를 드렸던 형님의 친구 집을 찾아갔다. 그곳에서 형님이 계신 강원도 금화군 창도면의 수리^{水利}조합 공사장의 위치에 대한 안내를 받을 수 있었다. 그렇게 해서 나는 한동안 강원도 산골에서 숨어사는 신세가 되고 말았는데, 내가 형님 계신 곳으로 오자마자 일본 헌병이 두 번 정도 나를 찾으러 온 일이 있었다. 그때마다 형님이 미리 사람을 시켜서 나를 피신하게 해서 무사히 위기를 넘기곤 했다.

그렇게 숨어 지내는 나를 딱하게 생각한 형님의 친지 분의 소개로, 나는 어느 날 일본질소 계열의 창도^{昌道}광산 소장인 후지모토^{藤本}씨를 만나게 되었다. 후지모토 소장과 첫 대면을 하는 자리에서 라디오 기술 이야기를 하다가, 그 집의 전축이 고장난 지 오래된 상태라는 것을 알게 되었다. 나는 바로 소장 사택으로 가서 전축을 고쳐주었다.

소장의 전축은 일제 빅타^{Victor}라는 고급 제품이었는데, 정류관^{整流管}이라는 진공관이 운반 도중에 소켓에서 빠져나와 있었던 것이다. 그래서 그것을 바로 꽂아서 스위치를 넣으니 소리가 터져 나왔다. 고장난 전축을 그렇게 쉽게 고치는 것을 보고 소장도 놀랐지만, 점심식사를 준비하고 있던 부인과 소장의 따님도 놀라면서 "이제는 레코드 음악을 들을 수 있겠네!"라고 하며 기뻐했다. 그날부터 나는 창도광산의 전기주임으로 취임을 하게 되었다. 군수물자인 동과 아연을 생산하는 창도광산의 전기계 주임도 마침 남방전선으로 차출된 형편이었기 때문에, 후지모토 소장은 내가 인천 조병창에서 도주한 문제를 헌병대에 연락해서 해결해 주었다. 후지모토 소장에게 나라는 엔지니어와의 만남은 마치 길을 가다가 우연히 금덩어리를 발견한 것과 같았으니, 그는 어떻게 해서라도 나를 곁에 두고 싶어서 안달이었던 것이다.

창도광산에서는 선광장選鑛場의 증설공사를 진행하고 있었기에 나에게는 좋은 실습장이 되었다. 3,000평 정도의 산비탈에서 계단식 공사가 이루어지고 있었는데, 학교에서는 말로만 듣던 고압모터와 동력배선 및 변전소의 기계장치들을 날마다 만질 수 있었다. 광산에서 잔뼈가 굵은 나이 많은 전공 30여명은 내가 주임으로 취임하자 "오래 살다 보니 어린애 주임까지 모시게 되다니"라고 수군대며 냉소하는 분위기에서 나를 맞이했다. 그러나 취임하자마자 얼마 지나지 않아서 나는 전공들의 재교육계획을 발표하고, 당장에 요긴한 모터 재생기술과 라디오 기술교육을 근무 시간 외에 실시하겠다는 선언에 따라 실제로 기술 실력을 보여주었다. 그리하여 모두가 나를 깍듯이 상사로 대접하게 되었음은 물론, 서로 마음을 열고 아껴주는 사이가 되었다.

그리고 후지모토 소장의 외동딸인 사나에ﾌﾐ 양과도 친해졌다. 미남이었던 아버지를 닮아서 얼굴이 갸름하고 아름다운 아가씨였는데, 여성다운 모습과는 달리 성격이 활달하고 적극적이었다. 처음 만난 다음날 바로 전기주임실로 찾아와서는 매일 소장사택으로 와서 저녁식사를 함께하자고 제안하는 것이었다. 하지만 광산 내에는 여러 사람의 눈이 있고, 일본인 청년들이 수두룩한 가운데 특별대우를 받게 되면 여러 가지 잡음이 생길 것이 분명하기 때문에 나는 그 제안을 사양했다. 그러자 그 후에는 스시와 반찬을 싸들고 조선인 독신자 합숙소의 방에까지 들어와서 밤늦도록 명랑하게 수다를 늘어놓다가 가곤 해서 나는 몹시 난처하기도 했다. 따님인 사나에 양 못지않게 후지모토 소장도 시간만 나면 전화를 해서 소장실로 나를 불러대거나, 점심 때 사택에서 식사를 같이 하자고 초대를 하곤 했다. 나는 다른 동료들을 의식해서 가끔은 합숙소에서 도시락을 먹겠다고 사양을 했는데, 그럴 때면 소장은 "자네는 좋은 집안의 자제인 것 같네"라고 나를 칭찬해 주었다.

사실 그 무렵 일제 말기의 전시상황에서 강원도 산골에는 식량이 부족했다. 밥을 지을 쌀과 보리가 부족해서 밥 한 그릇을 이틀에 나누어 먹는 집이 태반이어서, 모두가 배가 고프던 시절이었다. 그래서 산골 사람들은 쌀이나 좁쌀을 서로 감추고, 친척들 사이에서도 그것을 비밀로 해야만 했다. 조선총독부에서 만주에서 나는 콩의 기름을 짜고 남은 콩깻묵을 배급해서 많은 조선 사람들이 위장병에 시달릴 정도였다. 그때 스무 살을 갓 넘긴 청년이었던 나는 배급받는 쌀과 보리로 근근이 지어주는 조선인 총각합숙소의 밥 몇 숟가락을 먹고 광산을 한 바퀴 돌고나면 금방 배가 고파졌다. 이런 사정을 아는 부하 전공들이 집안에서 제사나 혼사가 있을 때면 나를 잊지 않고 초대해 주어서 가끔은 음식과 술대접을 받기도 했다.

매주 토요일이면 나는 퇴근 후에 자전거를 타고 약 30리 길을 달려서 형님의 수리조합 공사장으로 갔다. 그곳에서 형수님이 차려주시는 쌀밥과 꿩 고깃국이 먹고 싶어서 그 먼 길을 마다 않고 달려간 것이었다. 수리조합 공사장 주변의 농촌은 그래도 형편이 좀 나은 편이어서, 감자나 고구마, 옥수수 등의 잡곡이 흔했다. 특히 강원도의 특산물인 메밀로 만든 냉면이 별미여서, 산골마을에서는 겨울이면 밤마다 냉면을 눌러서 나누어 먹고 윷놀이를 하고 놀았다. 제대로 된 변소 하나 없는 집일지라도 가마솥에 메밀국수 누르는 틀은 집집마다 반드시 있었으니, 꿩 육수에 얼음 서걱한 동치미 국물을 섞어서 내는 강원도 산골의 겨울냉면 맛은 정말 일품이었다. 겨울 산길에 하얀 눈을 헤치고 찾아가서 맛있는 냉면을 얻어먹고 실컷 놀다가, 돌아올 때는 그 집 주인이 10리나 되는 길을 걸어서 우리 형님집이 보이는 곳까지 배웅해 주고는 등불을 흔들며 돌아가던, 그 푸근하던 인정이 60여 년이 지난 지금도 잊혀지지 않는다.

그러던 어느 날, 나는 뜻밖에 경상북도 봉화군에 있던 다덕多德 광산으로 전임발령을 받게 되었다. 후지모토 소장이 일본질소 광업개발 계열의 광산소장 회의석상에서 자랑삼아 내 이야기를 하다가, 다덕광산의 노무라野村 소장으로부터 나를 1년동안 빌려달라는 제안을 받았다는 것이었다. 노무라 소장은 후지모토 소장의 옛 상사로서 계열사 가운데 가장 큰 광산을 운영하고 있었으며, 당시 다덕광산의 전기주임도 남방전선에서 전사해버리는 바람에 변전소의 개수공사가 중단된 상태로 오래 방치되어 있던 실정이었다. 그리하여 반강제로 나를 보내기로 약속을 하고 돌아온 후지모토 소장은 나에게 그 딱한 사정을 이야기하면서 거의 울다시피했다.

소식을 들은 사나에 양은 큰 충격에 휩싸여 있었다. 떠나기 전날 소장 사택에서 석별의 만찬을 준비한다고 해서 인사차 찾아갔을 때, 어머니 앞인데도 불구하고 사나에는 나에게 매달려서 "싫어요, 싫어요" 하면서 울어댔다. 그 자리에서 후지모토 소장과 나는 많은 술을 마셨는데, 밤늦게 그곳을 나올 때 따라 나온 사나에는 나에게 할 이야기가 있다면서 광산 숙직실의 변전실로 나를 밀어넣는 것이었다. 숙직실의 당번 전공을 쫓아내버린 사나에는 자기를 여기서 여자로 만들어주고 떠나라고 울부짖었는데, 마침 사나에의 어머님이 걱정을 하다가 숙직실로 들어와서 간신히 사나에를 데리고 갔다.

처음부터 소장 내외나 사나에 양은 내가 조선인이라 해도, 일본의 교육을 받은 우수한 기술자이기에 결혼까지 염두에 두고 있었던 것 같다. 한창 가슴이 뜨거운 청춘이었던 나 또한 은근히 사나

에에게 끌리는 것을 어찌할 수 없었다. 하지만 일본에 있던 사나에
양의 조부모님은 완고한 구식 노인들이었기에 장남인 후지모토
소장이 부모를 설득하는 일이 간단치 않다는 것을 우리 모두가 알
고 있었다. 그러기에 나는 그녀와 접촉하면서도 헤어질 무렵에 가
벼운 포옹 이상의 애정표현을 삼가면서 후지모토 소장의 신뢰를
의식해왔다. 그렇게 조심스럽게 싹트기 시작한 우리의 사랑은 결
국 비련으로 끝날 수밖에 없는 운명이었던지, 다음날 내가 떠나던
금강산 전철의 창도역에는 사나에가 보이지 않았다. 후지모토 소
장이 이별의 악수를 하면서 "사나에는 몸이 아파서 못 나왔네" 라
고 말하며 눈물을 글썽이는 것을 보면서 나도 눈시울이 붉어졌다.

　창도광산에서 일을 한 지 불과 6개월 만에 갑자기 다덕광산으
로 전임을 하게 되자 온 광산이 소란스러웠는데, 나에게 기술교육
을 받은 전공들이 소장실로 몰려가서 나를 유임시키라는 진정을
하기도 했다. 비록 짧은 기간이었지만 삭막한 광산의 작업장에서
서로 의기투합하여 수많은 기술적 난관들을 거뜬히 헤쳐나왔던
순간들을 생각하면 나를 떠나보내기가 너무 아쉬웠던 것이다. 전
공들 가운데는 50세가 넘는 중노인도 있었는데, 처음에는 노골적
으로 나를 무시하는 행동을 하던 그가 나의 전근을 반대하는 운
동의 선봉장이었다. 그러나 이미 정해진 일을 돌이킬 수 없었기에,
내가 떠나던 날 기차역에서 전공들 가운데 섞여서 울며 서 있던
그분의 모습은 아직도 선명한 기억으로 남아 있다.

광산에서 맞은 조국 해방

경상북도 봉화군의 다덕광산은 분류선광장 시설까지 갖춘 거대한 광산이었다. 군수공업의 원료인 동과 아연을 대량으로 생산함으로써 일본의 기간산업체 가운데서 중요한 위상을 차지하고 있었는데, 이 광산을 통해서 일제가 우리나라의 지하자원을 엄청나게 수탈해간 대가로 앞선 공업시설과 기술을 남겨주기도 했다.

일제 말기의 다덕광산은 높은 생산성과 우수한 경영으로 산업대상을 받을 정도였기에, 조선총독부에서 특별지원을 하고 있었다. 당시에는 태평양전쟁의 전세가 점점 일본에 불리하게 기울어가고 있었던 터라 온 나라가 물자부족으로 고생을 할 때였지만 다덕광산에서만은 모든 직원에게 넉넉한 쌀 배급이 이루어졌으며, 비누나 작업신발은 물론 술, 담배까지도 풍부하게 제공되었다. 총각들의 합숙소에서도 조선과 일본의 청년들이 함께 지냈으며, 조선인이라도 전문학교 이상의 공부를 한 사람에게는 방이 두 개씩

주어졌다. 워낙 큰 광산이었기에 평양광업전문학교 출신의 정사원들이 세 사람이나 합숙소에 함께 있었다. 우리 네 사람은 저녁 때가 되면 각자 부하들의 집에서 벌어지는 축하잔치에 같이 불려 다니며 대접을 받기도 했다.

우리와 같은 정사원들은 가슴에 하얀색 명찰을 달고 다닌다고 해서 광산 직원들 사이에서는 '백마크'라고 불렸는데, 군국주의 시대의 규칙에 따라 광산 내에서는 '백마크'를 만나면 반드시 정지해서 경례를 하도록 되어 있었다. 그리고 '백마크'의 배급통장을 배급소에 보내면 그 무렵 희귀했던 정종과 담배도 필요한 만큼 공급받을 수 있었다. 내가 받은 봉급이 그때 월 77엔(円)이었던 것으로 기억하는데, 당시 군청의 과장급 월급이 40엔 정도였으니 총각인 내가 산골의 광산에서 쓰기에는 엄청나게 많은 돈이었다. 그래서 나는 부하들에게 배급소의 귀한 물품들을 사서 나누어주기도 하고, 가끔 돼지를 잡아서 정종 파티를 열어주기도 했다.

다덕광산에 부임하자마자 나의 인기는 날로 급속하게 치솟았다. 사람들은 나를 '호르몬'이라는 별명으로 부르기도 했는데 광산의 구석구석을 누비고 다니며 인체에 필수적인 호르몬처럼 중요한 역할을 한다는 뜻이었던 것 같다. 창도광산으로부터 전해진 소문 탓도 있었겠지만, 아버지뻘이나 형님뻘 되는 부하전공들은 어린 동생 같은 내가 일본인보다 높은 기술을 지니고 자신들에게 기술교육을 시켜주는 것을 무척 고마워했다. 그들은 8개 구역이나 되는 각 광구마다 설치된 수중 엘리베이터들의 모터와 갱도의 펌프를 점검하고 수리하느라고, 트럭을 몰고 돌아다니며 신속히 하루 일과를 마무리 짓고는 저녁에 내가 하는 교육에 열심히 참석했다. 특히 모터의 재생기술과 라디오 조립실습 강의 때는 감탄을 연발했는데, 반평생을 펜치 한 자루에만 의지해오던 전공들이 전기 기술자로 승격되는 기쁨을 실감하는 것 같았다. 그리하여 광산에서 일하는 모든 직원들이 전기계 전공들을 부러워하게 되었다.

내가 다덕광산으로 부임하던 첫날 노무라 소장에게 인사를 하려고 소장실에 들어갔을 때, 총무실에 근무하고 있던 히라야마 스미에平山墨絵라는 아가씨를 만나게 되었다. 나중에 알게되었지만 스미에 양의 부친은 다덕광산의 대구출장소 소장이었으며, 일본질소 광업계열사의 대주주 집안 출신이기도 했다. 그런데 날이 갈수록 스미에 양의 나에 대한 적극적인 태도 변화가 눈에 띌 정도였다. 한동안은 노무라 소장 집의 고장난 가전기구의 수리를 부탁하러 전기계 사무실로 찾아오곤 했는데, 광산 사무실용 라디오의 조립이 완성되어 설치된 이후에는 남의 눈치도 아랑곳없이 수시로 사무실을 드나들었다. 뿐만 아니라 밤에도 총각들이 수두룩한 합숙소로 잠입하다시피해서 나의 속옷 빨래까지 해두고 나를 기다리는 바람에 당황스러울 정도였다. 합숙소 내에 있던 한 일본인 간부사원이 복도에서 마주친 스미에에게 심한 모욕을 주기도 했지만 그녀는 전혀 개의치 않았다. 그러자 온 광산에 스캔들이 퍼졌고 노무라 소장과 그녀의 부모님까지도 걱정한다는 말을 전해 들었는데, 스미에의 유혹에 흔들리기 시작한 나는 점점 고민에 빠져

들었다.

전기계 사무실이 있는 언덕 너머에는 장중창 사장의 집이 있었다. 장 사장은 다덕광산의 광석을 독점계약해서 운송하는 회사의 대표로서, 40대나 되는 트럭을 운용하고 있었다. 부인은 함경도 출생으로 재혼을 해서 들어왔는데 가냘픈 몸매에 슬하에 자녀가 없어서 가정이 쓸쓸했다. 그 무렵 조선인 간부 사원용 고급사택에 살고 있던 광산 공작과 기계계장의 사택에서는 성격이 활달한 부인 '서 여사'가 주도하는 간부 부인들의 모임이 잦았는데, 이 자리에는 반드시 장중창 사장의 부인인 '김 여사'가 초청되었다. 재력이 넉넉한 김 여사는 서 여사의 가장 친한 친구이기도 했고, 윷놀이나 화투놀이를 하고 음식을 나누어먹는 그 모임의 스폰서 역할을 하거나 부인들의 상담역이 되어 주기도 했다.

그런데 어느 날 그 부인들의 모임에서 당시 광산에 소문이 자자했던 조선인 총각 '가네오카金岡 주임'이 화제가 되었던 모양이다. 일본식 별칭인 가네오카로 불리던 나에 대한 호기심이 발동한 부인네들은 재미삼아 나를 비롯한 '백마크' 총각 4명을 초대해서 윷놀이 대회를 하자고 의견을 모았다. 그때부터 부인들의 모임에 가끔 총각들이 불려가곤 했는데, 어느 날 저녁에 김 여사와 서 여사가 나를 따로 불렀다. 그 자리에서 김 여사의 여동생과 나의 결혼을 권유하는 혼담이 나왔다. 서 여사는 스미에 양이 물불을 가리지 않고 나에게 접근하는 것이 못마땅했던지, 일본 여성과의 결혼은 불행의 원인이 되니까 단념하고 장 사장과 동서가 되라고 끈질기게 설득하는 것이었다. 내가 확답을 미루고 있자 기어이 장 사장까지 나서서 간곡하게 권하는 바람에 어쩔 수 없이 김 여사의 여동생을 만나게 되었다. 그렇지 않아도 스미에와의 관계가 부담스러웠던 차에 그 만남은 나에게 일종의 도피처가 되어주었다.

그 무렵 태평양전쟁에서 연전연패를 거듭하고 있던 일본군은 최후의 결전을 준비하면서, 우리나라 제주도의 해안 전체에 100개 이상의 '인간어뢰人間魚雷'의 발진동굴을 파기로 계획하고 있었다. 일본 공군에서 '인간 폭격기'로 잘 알려진 가미카제神風 특공대와 마찬가지로, 해군에서도 일본인 병사가 어뢰에 타고 직접 운전을 하면서 미군의 군함을 향해 돌진하여, 사람과 어뢰가 함께 터지는 처절한 자살폭탄 작전을 감행하고자 했던 것이다.

조선군사령부와 조선총독부의 특명으로 그 '돌격공사'를 다덕광산의 광부들에게 시키라는 결정이 하달되었다. 청천벽력같은 명령을 받은 다덕광산에서는 그것을 '명예로운 특명'으로 미화하면서 각 광구의 보안요원만 남기고 나머지 직원을 총동원해서 공사용 자재와 유류와 식량까지 준비하여 40여대의 트럭에 모두 싣고 부산항으로 이동하기 시작했다.

그 와중에 장 사장의 처제와 나의 혼담이 무르익어서, 광산의 식구들이 제주도로 떠나기 전에 혼례식을 올리자고 다들 서두르는 바람에 얼떨결에 날을 받았다. 나는 그 사실을 스미에에게 알리고 그녀의 행복을 빌어주었는데, 그녀는 이미 각오하고 있었다면서 합숙소의 내 방에서 한없이 울다가 갔다. 다음날 스미에는 사직서를 내고 대구의 부모님 집으로 가버렸는데, 그녀와 영영 헤어지게 된 나도 가슴이 아프고 허전했다. 광산의 광부들과 일부 간부들은 가족을 남겨두고 제주도로 떠나게 되어 매일 같이 비장한 분위기 가운데 술자리가 벌어지는 어수선한 상황에서, 나의 결혼식이 치러졌다. 장 사장 집에서 약식으로 혼례를 치르고, 간부사택에 신혼 살림집도 마련되었지만 나는 제주도로 파견되는 전공들의 책임자로서 함께 떠나기로 마음먹고 있었다.

그런데 출발하기 며칠 전에 노무라 소장이 소장실로 나를 불렀다. "가네오카 주임은 전공들과 함께 제주도로 떠날 양으로 준비하고 있는 모양인데, 자네는 광산에 남아서 광산을 유지하는 임무를 맡아주게. 제주도 일은 해안가의 암벽에 직경 7m에 50m 길이의 동굴을 파는 간단한 공사로서, 기름연료의 공기압축기와 조명등만 있으면 되는 현장이니까 10명 정도의 전공만 있어도 충분하네. 그러니 전기계의 책임자인 자네가 무리해서 그곳까지 가야할 이유가 없고, 신혼의 새신랑을 떠나보냈다가는 신부에게 원망을 듣게 될 터이니 내 말을 듣게"라고 명령을 하다시피 했다. 그리하여 나를 비롯한 대부분의 전공들이 제주도 공사에서 제외되어 광산에 남게 된 것은 돌이켜보면 다행스러운 일이었다.

광산의 많은 식구들이 제주도로 떠난 후에 나는 각 광구의 보안상태를 점검하면서 제주도 상황에 대해서도 매일 보고를 받고 있었는데, 마침내 제주도에서 사고가 터졌다. 제주도에서 공사 도중에 크고 작은 폭발사고 등으로 10여 명의 광부들이 사망하는 비극이 일어난 것이었다. 그들을 장사 지내고, 일부 직원들이 돌아오자 광산은 온통 눈물바다가 되어 버렸다.

이 사고 직후에 일본의 항복과 조선의 해방 소식이 전해졌다. 라디오를 통해서 일본천황이 떨리는 목소리로 항복선언을 하는 내용을 반복해서 들으면서 광산 내에서는 서서히 해방을 실감하는 분위기가 생겨나기 시작했다. 일본인들은 자기들의 사택에 모여서 숨을 죽이고 있는 반면에 조선인들은 끼리끼리 모여서 축배를 들면서 서로 기쁨을 나누고 있었다. 밤이 되자 술에 취한 일부 광부들이 일본인의 사택에 난입하는 사건이 잠깐 벌어지기도 했지만, 비교적 인심이 넉넉했던 다덕광산에서는 기본 질서가 유지되고 있었다.

아직 일본인들이 무장을 해제하지 않고 있던 시기여서 나는 조선인 친구들과 함께 조심스럽게 광산의 치안유지를 위해 노력하는 한편, 봉화군의 청년단체들과도 협력하여 광산의 광장에 무대를 마련하여 우리 노래를 마음껏 부를 수 있도록 위안공연을 열기도 했다. 트럭 40대를 총동원하여 8개 광구 소속 사택들로부터 광산의 모든 가족들을 실어 나를 때 "굿 보러 가자!"하면서 들떠서 모여드는 모습들이 장관이었는데, 더욱 놀라운 것은 광산 내에서 병역기피 상태로 숨어 있던 친일파 부잣집 자제들이 연예인처럼 무대에 나서서 한가락 하며 노는 모습이었다. 기타니, 아코디언이니, 트럼펫이니 저마다 악기들을 들고 나서서 당대 최고 인기의 신세대 유행가였던 "열아홉 살이에요" 등을 불러 젖히는데 우리

말 노래를 제대로 들어보는 게 처음이었던 나는 벌어지는 입을 다 물 수가 없었다.

그러던 중에 조선인민공화국 건국준비위원회^{일명 '건준'} 소속의 청년들이 속속 나타나기 시작했는데, 그들이 광산에서 연설회를 개최하겠다고 해서 그 무대를 마련해주는 일도 나의 임무가 되었다. 당시 유명한 공산주의자였던 경상북도 안동 권씨 출신 권효섭이라는 이가 "동무들, 우리 조선이 마침내 일제로부터 해방되었습니다. 이제부터 우리는 인민이 주인이 되는 나라를 세워야 합니다!"라고 우렁차게 선동하는 소리를 들으면서 나는 앞으로 닥쳐올 낯선 시대, 희망과 절망이 교차하게 될 소용돌이를 막연히 예감하고 있었다.

일본인들이 위험을 느끼고 황급히 귀국하기 시작하자 나는 그들을 부산항까지 안전하게 보내는 일을 지휘했다. 일본인들이 모두 떠난 다음에 광산에 남은 조선인 간부들과 상의한 끝에, 고향으로 귀환하기를 원하는 사람들에게는 여비와 물품을 마련해서 보내주기로 했다. 어차피 우리나라 정부가 수립될 때까지는 광산도 폐광할 수밖에 없는 형편이었기에, 지방 관공서와 협의해서 몇몇 관리요원에 대한 관리대책을 세워놓고 대부분 광산을 떠나도록 했다. 그해 1945년 10월 중순이 되자, 3년 가까이 정들었던 강원도 산골을 떠나서 나도 고향으로 돌아갈 수 있었다.

TEL. 2968

미 도 무 선 사

사진출처_KBS '뿌리깊은 미래'

일제 해방 직후, 사람들은 라디오 소리를 듣기 위해
전업사 앞에 줄을 섰고, 김해수는 좌우익을 넘나드는
스타 엔지니어로 이름을 알리기 시작한다

2부

해방된
조국의 빛과
어둠 속에서

고향에서 스타가 된 사연

내 고향 하동은 섬진강변의 백사장과 송림, 철 따라 모습을 달리하는 지리산의 맑은 계곡과 웅장한 풍광으로 시인 묵객을 유혹하는 곳으로 잘 알려져 있다. 그런데 하동읍은 경남과 전남의 경계에 자리 잡고 있어서, 우리나라 정부가 수립된 이후 남해선 철도가 연결되기 전까지는 진주, 구례, 순천, 여수, 남해 등을 연결하는 남도 교통의 요지였다. 그리고 대구장 다음으로 큰 하동장에서 서남해의 해산물과 구례평야의 농산물, 그리고 지리산의 산림산물 등의 교역이 이루어지는 경제의 중심지이기도 했다. 섬진강의 수량이 풍부했던 시절에는 대형 화물선이 섬진강의 물길을 따라서 하동읍내에까지 올라올 수가 있었기에 경상도와 전라도를 이어주는 섬진교의 위치보다 상류에 하동포구의 선착장이 있었다.

그처럼 물 좋고 인정 많은 내 고향 하동에 돌아와보니 생각지도 않았던 걱정거리가 나를 기다리고 있었다. 해방 직후에 '우환憂患

동포'라는 말이 유행하던 시절이었다. 일본이나 남방의 전쟁터에서 고난을 겪다가 해방이 되자 고향의 먹고살 만한 친척집으로 흥부네 식구처럼 떼거리로 모여드는 귀환동포를 일컫는 호칭이었는데, 종가집인 우리 집에도 무턱대고 찾아온 '우환동포'가 20명 가까이 되었다. 집으로 돌아와보니 부모님 뿐만 아니라 그들까지 먹여 살리는 일이 나를 기다리고 있었다. 귀향의 기쁨은 잠시였고 온 식구의 생계를 책임져야하는 나의 처지는 참으로 난감했다.

하지만 하늘이 무너져도 솟아날 구멍이 있다더니, 나를 도와줄 사람이 바로 나타나 주었다. 내가 배낭 하나를 메고 고향에 돌아오는 날, 우연히 만났던 보통학교 동창생 김인수 군의 형님을 소개받게 되었던 것이다. 김홍수라는 이였는데, 당시 그는 트럭 운전기사였다. 초등교육 이상의 공부는 하지 못했던 그는 트럭 조수 노릇을 하면서 자동차 운전을 배웠고, 무엇이든지 잘 고치는 기술자였다. 고향 사람들은 미싱이나 자전거가 고장이 나면 항상 김홍수 씨를 찾았다. 그런데 그가 해방 전에 하동읍에서 라디오 가게를 하던 일본인 나카니시中西로부터 헐값에 점포를 인수하게 되자, 하동읍 일대의 고장난 라디오는 모두 김홍수 씨의 가게로 몰려들고 있었다. 당시 물자가 귀하던 시절의 전시보급형 라디오들은 대부분 부품의 불량으로 인한 고장이 잦았던 것이다.

그즈음 김홍수 씨는 해외에서 돌아오는 귀환동포들을 가마니를 깐 트럭의 적재함에다 잔뜩 태워서, 진주역에서 하동방면으로 실어 나르는 일로 경황이 없었다. 경전선 철도의 종점이었던 진주역과 하동지방 사이의 교통수단이라고는 목탄연료버스밖에 없었기에 나날이 쏟아져 들어오는 귀환동포들은 웃돈을 주고서라도 김홍수 씨의 트럭 위에 올라타려고 아우성을 쳤다. 그래서 그는 진주와 하동 간을 하루에도 몇 탕씩 뛰면서 떼돈을 벌고 있었다. 매일 밤중에야 겨우 집 앞에 트럭을 세울 수 있었는데, 피곤한 몸을 이끌고 집으로 돌아오면 고장난 라디오를 맡긴 사람들이 그를 기다리고 있는 것이었다. 해방 직후의 황금 같은 뉴스방송을 직접 듣지 못하는 짜증을 김홍수 씨에게 마구 퍼부어대는 사람들과 끊이지 않는 다툼 때문에 그는 견디기 어려운 형편이었다.

마침 내가 일본에서 전기공학을 공부한 기술자라는 사실을 알게 된 김홍수 씨는 밤중에 나를 불러서 이것저것 물어보고는 한두 대의 라디오를 즉석에서 고쳐보라고 했다. 라디오의 구조를 환히 알고 있는 나에게는 너무 쉬운 문제들을 척척 해결하는 것을 지켜보던 그는 무릎을 치면서, "됐다! 이제 내가 살았다"고 하면서 기뻐하는 것이었다. 그러면서 "김 군, 내가 일본인 나카니시에게 준 만큼의 돈만 내고 점포를 맡도록 하게. 모든 부속품과 공구들을 포함해서 저 골치 아픈 라디오들을 모조리 가지고 가주었으면 좋겠네"라고 했다. 내가 "형님, 고맙습니다만 저는 지금 그렇게 돈이 많지 않습니다"라고 했더니, 옆에서 인수 군이 우선 점포를 인수하고 돈은 천천히 갚도록 하라고 거들었다. 홍수 형님은 "그러면 자네가 여유가 생길 때 내가 돈을 받기로 하고, 내일 바로 개업을 하게"라고 하며 선선히 가게를 내주었다. 그날 김홍수 씨 부인이 차려낸 술상을 앞에 두고 우리 세 사람은 흔쾌한 축배를 들었다.

이튿날 아침부터 나는 '우환동포' 동생들을 동원해서 가게를 청소하게 하는 한편, 리어카 두 대를 빌려서 김홍수 씨 집에 쌓여 있던 70여 대나 되는 고장난 라디오들을 모조리 옮겨 정리하면서 라디오마다 일련번호를 붙여 수리 리스트를 만들었다. 가게 이름을 '창전사創電社'라고 붙이고 라디오를 확인하러 오라고 광고문을 내다 붙였더니, 저녁 무렵부터 라디오 주인들이 나타나 자기 것부터 먼저 고쳐 달라고 아우성을 치는 것이었다. 어느새 가게 안은 구경꾼으로 가득 찼고, 그중에는 하동읍내에 주둔하는 미군 병사 한 사람도 끼어 껌을 찍찍 씹고 있었다. 그런데 라디오 한 대, 한 대가 내 손을 거쳐서 말소리나 음악이 터져 나오면 가게 안팎의 구경꾼들이 일제히 "와아!"하고 감탄하며 박수를 치는 것이 아닌가. 그때마다 나는 쑥스러워 얼굴을 붉히면서도 어깨가 점점 으쓱해졌다.

수리를 마친 라디오를 찾아가는 사람들에게 나는 최소한의 실비만을 청구했다. 왜냐하면 내가 너무나 뜻밖에 가게를 갖게 되었고, 비싼 라디오 부속품과 공구 등을 공짜로 얻은 것이나 다름없었기 때문이다. 그러나 대부분의 사람들은 내가 요구하는 수리비보다 더 많은 돈을 주고 가거나 나중에 일부러 선물을 들고 오기도 했다. 가게를 개업하는 날 구경꾼들 틈에 끼어 있던 미군 병사도 내게 고장난 라디오를 맡겼다가 찾아갔는데, 미제 라디오 부속 가운데 들어있던 극소형 전기식 진공관은 그 당시 나에게 무척 놀라운 물건이었다.

그 후에 그 미군 병사가 속해 있던 주둔군 중대의 송수신기가 고장이 나서 간단히 고쳐 주었더니, 중대 통신장교가 군용식량이었던 시레이션 통조림을 잔뜩 보내주었다. 그중에 베이컨을 어떻게 먹는지 몰라 솥에 넣고 삶아보기도 하다가 결국은 다 못 먹고 내다 버렸던 일을 생각하면 지금도 실소를 금할 수 없다. 쓸데없는 자존심을 버리고 미군 병사에게 먹는 법을 물어보았더라면 바싹 구워서 빵과 함께 먹는 것이라고 가르쳐 주었을 텐데 말이다. 아무튼 나는 라디오 수리기술을 통해서 고향 사람들에게 일약 스타로 떠올랐을 뿐 아니라 우리 집안의 '우환동포'들을 먹여 살릴 걱정을 하루아침에 말끔히 씻어버릴 수 있었다.

내가 하동지방 일대의 고장난 라디오들을 차례로 고쳐 나가는 동안 그 소문이 이웃 지방에도 전해졌던 모양이다. 전남 구례와 광양으로부터, 또 경남 남해에서까지 라디오를 들고 하동으로 고치러 오는 사람이 생기기 시작했다. 어느 날은 구례의 큰 여관 주인이 찾아와 숙식을 무료로 제공할 테니 출장을 와 달라고 간곡하게 초청하는 것이었다. 나는 라디오 부속품과 공구를 대형 트렁크에 넣고 구례읍에서 가장 큰 그의 여관에서 일주일 동안 기숙하면서 그 동네의 고장난 라디오들을 거의 다 고쳐주었다. 그 후 남해지방에서도 출장수리를 요청해서 지방 유지의 집에 일주일가량 머물면서 수많은 라디오들을 고쳐준 일도 있었다. 전남 구례와 경남 남해에서 그 지방 사람들로부터 기술자에 대한 존경과 후한 대접을 받으며, 넉넉한 남도 인심을 한껏 누릴 수 있었던 나날이었다.

첩첩산중에 최초로 밝힌 전깃불

요즘 세상에는 우리 손자뻘 되는 어린이들도 정밀한 컴퓨터 기기를 자유자재로 다루는 기술자가 다 되어 있고, 하루가 다르게 첨단 과학기술의 발전이 가속화되고 있어서 어지간한 기술을 가지고는 명함도 못 내미는 시대가 되었다. 하지만 내 젊은 날은 기술자 한 사람 만나기가 하늘의 별 따기만큼 어렵던 시절이었다. 해방 직후의 촌동네에 혜성처럼 나타난 엔지니어였던 나는 수많은 화제를 불러일으키면서, 기적 같은 '퍼포먼스'를 끊임없이 연출해냈다. 그중에는 평생 잊지 못할 보람차고 행복한 사건들이 있었다.

섬진강변 제재소의 모터를 재생시키다

우리 고장의 자랑거리였던 섬진강은 때로는 고약한 재앙의 원천이 되기도 했다. 하동읍내에는 비 한 방울 오지 않는 날씨인데도 가끔 날벼락 같은 '도깨비 홍수'를 만나서 고향 사람들이 혼비백

산하곤 했는데, 섬진강의 수원인 지리산이 워낙 광대하고 산세가 급하다 보니 지리산 전역에 호우라도 쏟아지게 되면, 이 골 저 골에서 넘치게 된 홍두깨 물이 섬진강 상류의 수위를 순식간에 높이면서 하류인 하동읍 쪽으로 돌격해 내려오는 것이었다.

섬진강의 물길을 따라 부산, 마산, 여수 방면의 대형 화물선들이 올라와서 정박하는 선착장 근처에는 몇 개의 제재소가 있었다. 지리산이나 백운산으로부터 섬진강에 띄워져 내려오는 목재들을 화물선을 이용해서 운송하는 편의성 때문에 제재소들은 모두 강변에 자리잡고 있었던 것이다. 그런 탓에 섬진강의 상류에서 산더미 같은 홍수가 덮쳐오면 강가에 있는 제재소와 선착장은 늘 물바다가 되곤 했다. 해마다 여름이면 한두 번씩 '도깨비 홍수'가 덮쳤는데 이때 제재소의 가장 큰 문제는 전기 모터가 물에 젖지 않도록 하는 것이었다. 다행히 섬진강 상류의 비 소식을 빨리 알 수 있을 때는 전기 모터를 높은 곳으로 옮겨서 물에 잠기지 않게끔 하지만 대부분의 경우에는 침수피해를 면할 수 없었다.

라디오 가게를 하면서 친해진 사람 중에 장자진 씨라는 제재소 사장이 있었다. 장 사장은 한 해 여름에 섬진강 홍수를 만나 20마력짜리 모터가 물에 잠기는 사고를 당하고 말았다. 침수 후에 일주일이나 모터를 말려서 스위치를 넣었는데도 모터가 펑하고 타버리는 바람에 그의 제재소는 일을 중단할 수밖에 없었다. 그 모터는 이미 여러 번 부산까지 싣고 가서 재생수리를 해 온 것이어서, 다시 부산으로 가지고 가봐야 차라리 새 모터를 사라는 말을 들을

게 뻔한 터라서 어쩔까 고민이라고 내게 하소연하는 것이었다.

그래서 내가 장 사장에게 우리나라에서 모터 재생이 잘 안되고 금방 또 모터가 터져 버리는 이유가 '재생 동선의 불량, 절연재와 함침제의 품질 문제 때문'이라고 설명을 해주었다. 그랬더니 그는 "아니 김 형, 당신은 그저 라디오 기술자인 줄 알았더니 모터에 대해서도 상당히 아는 모양이네요" 라며 놀라는 표정이었다. 그래서 내가 원래 일본의 공업전문학교에서 강전을 전공했고 해방 전에 3년 동안 광산의 전기주임으로 있으면서 수백 대의 침수 모터를 자체의 재생공장에서 다루면서 '모터 박사'가 다 되었다고 말해주었다. 장 사장은 감탄을 연발하면서 새 전선과 절연재료를 다 사줄 테니 모터를 고쳐달라고 신신당부했다.

나는 "좋은 재료를 시중에서는 구하기 힘들 겁니다. 다덕광산에서 함께 일했던 송일선이라는 친구가 광양광산의 소장으로 전근을 가서 해방을 맞았는데, 지금도 그 사람이 거기에 있다면 좋은 재료를 얻을 수도 있을 테니, 헛걸음하는 셈 치고 함께 광양으로 가봅시다" 라고 설득하여 그날로 트럭을 몰고 함께 떠났다. 초행길이었지만 광양광산이 하동과 멀지 않아서 곧 도착하게 되었다. 가서 보니 천만다행으로 송일선이가 아직 그곳 소장으로 일하고 있었다. 그날 밤에는 세 사람이 실컷 술을 마시며 회포를 풀고, 다음 날 광산의 자재창고에 직접 들어가서 에나멜 2중 피복의 목면 전선과 절연재 시트, 함침용 바니시 등 최고급 일본산 자재들을 골라서 충분한 분량을 얻어가지고 돌아왔다.

그날 이후 모터를 라디오 가게로 옮겨서 분해하고 수리를 시작했는데, 장 사장이 매일 아침 가게로 출근을 하다시피 하는 동안 온 동네의 구경꾼들이 가게 앞에 몰려들었다. 모터의 코일을 다 갈아 넣고 결선까지 마쳤는데, 가열실Oven Room이 없으니 함침제를 주입하기가 힘들었다. 결국 함석판과 숯불을 이용해서 간신히 그 문제를 해결함으로써, 만 4일째 되는 날 모터를 재생시키는데 성공할 수 있었다. 그 모터는 정말 최고급 재료로 재생이 된 셈이었다.

모터를 제재소로 옮겨서 설치하게 한 다음 장 사장에게 돼지 한 마리를 잡고 술도 준비해서 고사 상을 크게 한 상 차리게 했다. 또한 시운전은 반드시 그 제재소의 고참 '오시'나무를 켜는 사람가 해야 한다고 당부하고, 시험 가동에 쓸 통나무도 비교적 굵은 놈으로 여러 개 골라 두라고 당부했다. 모든 준비를 마치자 나는 드디어 모터에 스위치를 넣어 전기를 연결했다. 대기하고 있던 나이 많은 '오시'가 통나무를 대차 위에 올려놓고 밀자마자 톱니에서 쌩쌩하는 소리가 나면서 통나무가 빨려들 듯이 쉽게 밀려들어 판자로 되어 나왔다. 이때 '오시'의 입에서 "사장님, 모터의 힘이 상당히 셉니다. 먼저 것보다 훨씬 강력해진 것 같습니다"라는 고함이 터져 나왔다. 그는 연이어 통나무들을 옆으로 옮겨 대면서 잠깐 동안에 그것들을 모조리 두터운 판자로 만들어 버리는 것이었다.

성공적으로 시운전을 끝낸 다음에 우리는 술과 돼지고기로 잔치판을 벌였는데, 제재소의 모든 일꾼들과 이웃 제재소 사람들까지 같이 기뻐하면서 축하를 해주었다. 이후로 그 모터는 3년 동안이나 아무 탈 없이 운전되었다고 한다. 이 일로 인해서 장 사장과 나는 무척 친하게 지내게 되었고, 훗날 내가 병이 났을 때 장 사장이 나를 크게 도와주는 인연을 맺게 되었다.

지리산 청암골에 전깃불을 밝히다

내 어머니 경주 석씨昔氏의 외가 친척 중의 한 사람으로 우수복이란 노인이 있었다. 그는 지리산에서 동남으로 뻗어 내린 산맥 중턱의 청암골에서 살고 있었는데, 고작 열 가구 미만의 세대가 이 골짝 저 골짝 흩어져 살면서 수정처럼 맑은 물만 마시고 먼지 하나 없는 깨끗한 공기를 마시면서 장수하는 곳이었다. 그처럼 산자수명山紫水明한 명승지로 알려진 골짜기였지만, 그곳에 사는 사람들이 그나마 가까운 도시인 하동읍으로 나들이를 하자면 1년에 한두 번 큰 마음을 먹어야 가능했다. 또한 외지 사람이 그곳 구경을 한 번 할라치면, 꼬부랑 황톳길을 몇 시간이나 우마차 위에서 흔들리며 가거나 아예 지팡이를 짚고 하루 종일 걸어가야만 했기에 여간 큰 일이 아니고서야 아예 갈 생각을 못하는 곳이었다.

우 노인은 그곳에 살면서 풍부한 계곡물을 자기 집 앞까지 끌어대고 대형 물레방아를 돌리는 힘으로 둥근 톱 제재기를 가동해서, 산골에서 베어 내리는 나무들을 판재로 만든 후 하동읍내의 시장에 싣고와서 팔았다. 어느 날 하동장에 마차를 끌고 왔던 우 노인이 내 라디오 가게에 찾아왔다. 젊을 때 무슨 잘못을 저질러서 그리 되었는지, 왕창 내려앉아버린 코밑을 연신 비비며 어렵사리 부탁 말씀을 하시는 것이었다. "이 사람 해수, 내가 듣자하니 자네가 전기라 하면 모르는 것이 없다고 하던데. 제발 우리 집 제재기의 수차에다가 발전기 하나만 달아서 우리 동네에 전깃불을 좀 켜줄 수 없겠는가?" 그래서 내가 "발전기로 전깃불을 켜는 것은 어렵지 않습니다만, 지금 돌리고 계시는 수차에 힘이 많이 남아돌아야 하는데요" 했더니, "그건 걱정 말게. 우리 수차는 물이 많아서 기운이 센 데다가, 밤중에는 제재기를 돌리지 않으니까 수차의 힘은 걱정 없지 않겠는가?"라고 하며 매달렸다.

그날 오후에 나는 청암골 구경도 할 겸해서 그 어른의 마차에 올라타고 함께 떠났다. 하동읍에서 삼십 리 길인 횡천을 지나서 청암골로 접어들자, 황톳길은 점점 좁아지면서 험한 돌밭의 벼랑길로 변하고 마차가 좌우로 마구 덜컥거리기 시작했다. 금방이라도 낭떠러지에서 굴러 떨어질 것만 같아서 간이 조마조마해진 나는 청암골의 경치고 뭐고 제쳐두고, 마차 바닥의 가마니 모퉁이만 꼭 움켜쥔 채 '아직 멀었나…'하는 생각 뿐이었다. 해질녘이 다 되어서야 겨우 우리는 우 영감님의 제재소에 도착할 수 있었다.

도착하자마자 나는 먼저 제재소 물레방아에서 떨어져 내리는 물의 낙차와 수량을 눈으로 측량했는데, 예상했던 것보다 수차가 훨씬 컸고 물의 양도 충분해 보였다. 저녁 밥상에는 지리산 산더덕술과 가지각색의 산채나물 반찬이 올랐는데, 차좁쌀을 섞어 노랗고 고슬고슬한 쌀밥에 곁들인 산골 음식이 너무나 맛있었다. 그날 밤 우 노인이 특별히 신경을 써서 마련해준 별채 방에서 단잠을 자고 깨어나 새벽에 창문을 열자, 나도 모르게 탄성이 터져 나왔다. 눈 아래로 내려다보이는 청암골 골짜기에 맑고도 힘찬 햇살이 비스듬히 비치는 광경은 말로 형용하기 어려운, 신비로운 아름다움이 가득했다.

아침을 먹고 나서 나는 우 영감님에게 가까운 시일 안에 부산에 가서 적당한 크기의 발전기와 가속용 풀리Pulley와 베어링 등 필요한 부품을 사서 다시 오겠다고 말씀을 드렸다. 그리고 자동차용 12볼트의 전구 10개 정도를 달 수 있으니, 그것을 달 장소를 미리 정해 두시라고 했다. 다시 마차를 타고 하동읍으로 나왔는데, 우 노인은 한사코 뿌리치는 내 호주머니에 상당한 돈을 쑤셔넣어주고 돌아갔다. 며칠 후 나는 부산으로 가서 미군이 쓰던 군용 중고 배터리 충전기를 한 대를 사서 시험해 보고, 풀리와 베어링 그리고 배선용 전구, 전선, 스위치 등 모든 재료를 사서 하동읍으로 향하는 화물선 편으로 돌아왔다.

그리하여 이번에는 제자 두 명을 데리고 자동차 편으로 청암 골짜기를 향해 달렸다. 도착하자마자 수차의 샤프트에 가속용 풀리와 베어링을 이중으로 달고 벨트를 걸어 놓은 뒤에, 발전기를 설치해서 시운전을 하면서 발전기의 회전속도를 1,000RPM분당 회전수 내외로 조절한 다음 전압을 측정했다. 그리고 제재소와 사무실, 우 영감님 집의 안방과 마루와 부엌, 대문 밖에까지 12볼트의 전구와 스위치를 모두 달아놓고 해가 지기를 기다렸다. 왜냐하면 단군 할아버지가 이 나라를 세운 이래로 청암골에서 처음 전깃불을 켜는 사건을 기념하기 위해서는, 캄캄해질 때를 기다렸다가 불을 켜서 더욱 극적인 효과를 얻어야 했기 때문이다.

전깃불이 들어온다는 소문이 벌써 골짜기를 한 바퀴 돌았는지 가까운 마을에서뿐 아니라 십 리 이십 리 밖에서도 모여든 산골 사람들이 초저녁부터 아예 마당에 멍석까지 깔고 앉아서 진을 치고 있었다. 그들이 지루해하는 것을 알면서도 내가 스위치를 넣지 않으니까 우 노인은 자꾸만 "이 사람, 아직 멀었는가?"하면서 재촉을 했다. 나는 영감님께 "고사를 정중히 올려야만 전기 귀신이 말을 잘 듣지요. 그러지 않으면 퓨즈가 자꾸만 터져서 전기를 오래 켜지 못합니다"라고 넉살을 부리며 시간을 끌었다. 우 노인은 하는 수 없이 우리를 대접하려고 미리 준비해 두었던 떡과 돼지고기 등으로 마당 한복판에 고사 상을 차리고, 촌사람들이 다 지켜보는 가운데서 상 앞에 엎드려 절까지 해야만 했다. 시끌벅적 덕담이 오가고, 음식을 나누어 먹으면서 야단법석을 떠는 동안에 날이 점점 어두워졌다.

드디어 저녁 8시, 나는 스위치를 가동한다는 사실을 사람들에게 미리 알린 다음에 모든 전등에 한꺼번에 전기를 보냈다. 갑자기 온 집안과 제재소 안이 대낮 같이 밝아지자, 우 영감님을 비롯한 모든 사람들이 일어나 박수를 치고 큰 소리를 지르며 흥분하기 시작했다. 서로 손을 맞잡거나 부둥켜안고 마당에서 덩실덩실 춤을 추면서 감격스러워하는 모습에 내가 오히려 놀랄 정도였다. 그날 청암골을 밝힌 불빛은 밤새도록 꺼질 줄을 몰랐고, 지리산의 산천

초목도 짐승들도 새들도 모두 놀라서 깨어 있는 듯 했다.

'하동군민 위안의 밤'의 추억

해방 직후 우리나라의 모든 지방에는 일제하에서 독립운동을 이끌었던 걸출한 민족지도자 여운형 씨가 주도하는 건국준비위원회'건준'가 조직되었고, '건준'의 산하에 민주청년동맹'민청'이라는 청년단체가 속속 결성되었다. 당시에 뜻있는 청년들은 대부분 자진해서 '민청'에 가입했는데, 나도 하동읍 '민청'의 일원으로 활동하게되었다. 얼마 지나지 않아 이승만 박사가 귀국하면서 좌익과 우익이 대립하게 되자, 우리 고향에까지 그 여파가 밀려들어 하동읍에서도 좌익과 우익이 갈라지기 시작하였으며 '민청'에 대항하는 우익 청년단체로 민족청년동맹'족청'이라는 것이 새로 결성되기 시작하였다.

한반도 전체가 기쁨에 들떠 있었던 데다가 매일 매일 쫓기는 일도 없을 때라서, 당시에는 연극공연과 음악회를 합친 형식의 '위안공연'이 자주 열렸다. 뿐만 아니라 계몽강연회나 정치집회 등의 행사를 통해 좌우익 세력이 치열하게 대립했다. 처음 한동안은 '민청'이 주최하는 집회가 대부분이었으나, 나중에는 '민청'과 '족청'에서 번갈아 개최하거나 때로는 양쪽이 동시에 각각 다른 장소에서 행사를 개최하여 관객 쟁탈전을 벌이기도 했다. 공회당이나 시장의 가설무대, 또는 농업창고 같은 데서 열리는 공연이나 집회가 있을 때면 무대장치 일체를 설치하는 일이 당연히 나에게 맡겨졌다. 무대에서는 앰프나 조명 등 전기와 관련된 시설이 제대로 작동하는 것이 결정적으로 중요했기 때문이었다.

그때 좌우익을 불문하고 연극이나 음악회가 열릴 때면 단골로 자원봉사를 하는 청년들이 있었다. 강대봉, 오남수, 김홍수, 남대우, 이상옥, 고광인, 홍계화, 김순례, 김우협 씨 등이 지금까지 기억나는 이름들이다. 하동중학교 교사였던 신용민, 김학수 선생들도 좋은 협조자였고, 김하수 병원장도 물심양면의 지원을 아끼지 않았다. 연극대본은 이상옥 씨 등이 여기저기서 얻어오기도 하고, 때로는 돈을 주고 사오기도 했다. 음악이 필요할 때는 연주해야 할 가요의 악보가 없어서 레코드를 틀어 놓고 오르간이나 기타로 치면서 악보를 만들어 내기도 했다. 공연 날짜가 정해지면 하동읍내에 방을 두 개씩 빌려서 연극반, 음악반으로 나누어서 연습을 했는데 그곳에서는 식사나 마실 음료는 물론 술까지 챙겨주는 부인 회원들이 있어서 아무 걱정이 없었다.

해방 이듬해인 5월 어느 날, '민청' 주최의 '군민 위안의 밤'이 연극 3막 4장과 초청가수 음악회, 군민들의 노래자랑 등 3부로 구성된 큰 행사로 기획되고 있었다. 청년들은 연극, 음악, 무대장치 등 어느 것 하나 빠질세라 혼신의 힘으로 준비를 하고 있었는데, 연극의 개막 첫 장면을 장식해줄 아가씨 배우를 구하지 못하여서 모두들 발을 동동 구르고 있었다. 여기저기 교섭을 하던 중에 보통학교의 여선생 한 분이 승낙을 해 주어서 연극 팀과 같이 연습을 할 수 있었는데, 4일째 되는 날 집안 어른들에게 알려져서 난관에 부딪혔다. 그 여선생은 혼인 날짜까지 정해 놓은 신부감이었기 때문에 우리 모두가 아무리 간청을 해도 도저히 어찌할 수가 없다는 것이었다.

다급해져서 여기저기 수소문을 했더니 지난해 말에 일본에서 귀국한 교포일가가 있는데, 그 집 딸이 예쁘기도 하고 성격도 명랑하니까 한번 교섭을 해 보라는 것이었다. 나는 친구와 함께 그 처녀의 부모를 직접 만나서 부탁을 했더니 "우리 내외는 괜찮은데 딸아이가 어떨는지…"하면서, 심부름 보낸 딸을 잠시 기다리라는 것이었다. 얼마 후에 하나코花子라는 아가씨가 나타났는데, 열대여섯 살쯤 되어 보이는 예쁜 소녀였다. 아버지로부터 이야기를 들은 그녀는 부끄럽지만 한번 해보겠다고 해서 우리와 함께 연습장으로 오게 되었다.

연극의 첫 장면에서 촌 아가씨가 꽃바구니를 들고 등장해서 독백을 하는 대사를 연습시키는데, 문제는 하나코가 한글을 전혀 모른다는 것이었다. 그래서 내가 나서서 우리말을 일본글로 고쳐 써 주고 대사 연습을 시켰다. 그런데 우리말에는 일본글에는 없는 발음이 많아서 나는 글보다는 하나코의 귀와 입을 훈련시켜야 했다. 내가 "온화한 봄 날씨로구나" 라고 말해보라고 하면, 하나코는 "오나안 보무 나루시로구나" 라고 발음하는데, 집에서도 그때까지 부모님과의 대화를 일본말로 한다니 대책이 없었다. 연극 개막일은 다가오고, 하나코의 발음은 조금도 고쳐지지를 않으니 속이 탈 노릇이었다. 그나마 하나코가 자기가 맡은 대사를 모조리 외운 것이

다행이라면 다행이었다. 개막 3일 전부터 나는 무대장치를 하느라고 바빴기 때문에 하나코의 훈련은 내 친구 강대봉 군에게 떠맡겨졌다.

드디어 따뜻한 5월의 밤에 하동읍내의 공회당에서 '하동군민 위로의 밤'이 개최되었다. 관중들의 요란한 환호 속에 막이 오르자 한복을 곱게 차려 입은 하나코가 버선에 고무신까지 신고, 작은 꽃바구니를 들고 무대 끝에서 중앙 쪽으로 사뿐사뿐 걸어 나왔다. 낭랑한 목소리로 "오나하누 보무 나루시노구나"(온화한 봄날씨로구나)라고 한 다음에, "도레농 노고지리 우지지고"(들에는 노고지리 우지지고) 하도록까지는 조용히 듣고 있던 관중들이, 하나코가 한층 목소리를 높여서 "이뿐이농 오데노 가스루까?"(이뿐이는 어디로 갔을까) 하고는 또 "나무루 캐로 가스루까?"(나물 캐러 갔을까)라고 하니까 수군대기 시작했다. 마침 앞자리에 있던 꼬마 녀석 하나가 "히히, 우환동포 가시내인갑다아!"라고 해버리는 바람에 그동안 웃음을 참고 있던 모든 관중이 "와하하!"하며 웃어대는 것이었다. 그런데 무대 위에 있던 하나코의 얼굴이 빨개지더니 금세 훌쩍훌쩍 울기 시작하는 것이 아닌가.

사태가 이쯤 되니 전체 진행을 감독하고 있던 강대봉 군이 무대로 올라가서 하나코의 손을 잡고 관중들에게 호소를 하기 시작했다. "여러분, 잠시 조용해 주십시오. 저희들은 이 무대를 준비하면서 젊은 아가씨 배우를 구하려고 무척이나 애를 썼습니다. 그러나 그런 아가씨를 하동읍내에서 구하기가 힘들어서 개막 날짜를 일주일 앞두고 이 아가씨 부모님에게 사정을 해서 겨우 허락을 받았는데, 보시다시피 일본에서 나서 일본에서 자란 아가씨라 우리말을 전혀 배우지 못했습니다. 그러나 용기를 내서 나와 준 김화자 양에게 감사하고, 또 하루빨리 고국의 말을 배울 수 있도록 격려하는 뜻으로 여러분께서 같이 박수를 쳐 주시면 어떻겠습니까?"라고 하니까 관중들은 일제히 박수를 치며 격려했다. 하나코 양은 얼굴을 붉히면서 웃는 얼굴로 무대에서 내려왔고, 연극은 곧 제2막으로 넘어갔다. 연극이 끝난 다음에는 음악회와 노래자랑으로 순조롭게 행사가 진행되었는데, 하나코는 확성기 조종을 하고 있던 내 옆에 앉아서 재미있게 박수를 치며 공연을 끝까지 구경하는 것이었다.

돌이켜보면 참으로 그리운 순간들이다. 그때 함께했던 친구들은 거의 모두가 유명을 달리해서 저 세상 사람들이 되고 말았는데, 그 이후에 바로 모진 고난의 시대가 닥쳐올 줄은 아무도 미처 예감하지 못하고 있었다.

좌우익을 넘나든 '전기 의사'

1946년 하반기에 들어서자 좌우익 세력의 대립은 매우 전투적인 양상으로 전개되었다. 우익 청년단체인 '족청'은 '민청'에 미처 가입하지 못했던 청년들을 뒤늦게 끌어들여 만들어졌는데, 두 개의 청년 단체가 작은 마을 안에서 사사건건 자주 충돌을 일으켰다. 나는 처음부터 '민청'이었지만 고향에서 한 사람밖에 없는 기술자였으므로, 우익단체의 행사라고 해서 전기장치나 앰프시설을 안 해 주었다가는 무슨 보복을 당할지 알 수 없는 입장이었다.

그러다보니 마지못해 우익단체의 일에 협력해 준 것을 문제 삼아서, 하동군 인민위원회에 불려 나가 '자아비판'인가 뭔가를 요구받았다. 그 자리에서 나는 "여러 동무들, 의사가 좌우익 환자를 가려서 치료할 수 없듯이 우리 고장에서 하나밖에 없는 전기 기술자인 내가 좌우익을 가려서 내 기술을 쓸 수는 없습니다, 나는 '전기 의사'이므로 앞으로도 좌우익 어느 쪽이든 막론하고 나의 기술을 제공할 것이며, 경찰이나 군대에도 골고루 나의 기술을 제공할 것입니다"라고 선언을 해버렸다. 그 이후 나는 실제로 그 말대로 실천을 했는데, 좌익 측에서도 더 이상 나를 문제 삼지 않았다.

그러나 경찰이 볼 때는 내가 '민청'이었으므로 이승만 박사의 첫 민정시찰 때부터 10여 명의 다른 좌익 청년들과 함께 '예비검속'을 당해서 일주일 동안이나 하동경찰서의 유치장에 갇히게 되었다. 그런데 이 박사가 하동 지방을 지나간 다음 날에도 우리들을 가두어두고 있던 하동경찰서장 김석구 씨가 유치장에 있던 나를 서장실로 불러냈다. 그는 빙그레 웃으면서 "김 군, 자네가 밧데리로 장어 잡는 장치를 만들었다지?" 하고 물었다. 내가 그렇다고 대답하자, 김 서장은 "어때, 오늘 오후에 장어나 잡으러 가지" 하는 것이었다. 그래서 나는 "아니, 서장님. 이 박사가 다녀갔으면 우리를 풀어줘야지 장어잡이가 다 뭡니까?" 하고 반문했다. 그러자 서장은 "자네들은 내일 석방하기로 되어 있고, 군수님이 자네 이야기를 어디서 듣고는 장어가 먹고 싶다는데, 오후에 군수 영감을 모시고 내 지프차로 잠시 나갔다 오면 되지 않겠는가"라고 하는 것이었다. 사실 나도 유치장 안에서 갑갑하던 차에 손해될 것도 없겠다 싶어서, 못 이기는 척 승낙을 했다.

서장의 지프차를 타고 내 라디오 가게에 들러서 배터리와 바이브레이터, 전선과 깡통, 대나무 장대 두 개를 실은 다음에 군수 영감을 같이 태우고는 하동읍에서 약 4km 남쪽에 있는 돌다리 방죽으로 갔다. 내가 만든 바이브레이터 고압전기 발생기는 축전지의 DC 12볼트를 트랜스로 AC 400볼트까지 높이는 장치였다. 전선을 묶은 대나무 장대를 약 20m 간격으로 석축 아래의 개울물에 대자마자 팔뚝만한 장어들이 야단법석을 하면서 수면 밖으로 튀어 올랐다. 큰 망태기로 그것들을 건져 올리기만 하면 되는 일이었기에 우리는 불과 두 시간 만에 석유통에 가득 장어를 잡아가지고 읍내의 요리집으로 갔다.

그곳에서 솜씨 좋게 요리한 장어를 실컷 배불리 먹었지만, 잡아온 장어의 4분의 3 이상이 그대로 남아 있었다. 나는 유치장에 남아 있는 동료들이 안타까워서, "서장님, 예비검속 당한 사람들이 어디 죄인입니까? 그러니 남은 장어를 구워서 친구들에게 먹이고 싶습니다"라고 간청을 했다. 그랬더니 옆에 있던 군수 영감도 이해를 해주어서, 요리집 주인에게 장어 양념구이를 만들어 달라고 했다. 장어를 한 보따리 싸가지고 유치장에 가서 방마다 넣어 주었더니, 친구들이 당번 순경을 구슬려서 중국집 배갈 몇 병까지 들여오게 했다. 유치장에서 거나하게 먹고 마시고 난 우리는 모두 기분이 도도해져서 어느새 "하동포구 팔십 리에 물새가 울고…"하면서 고래고래 합창을 해댔는데, 그때까지만 해도 해방 직후의 낭만이 통하던 시기였다.

그 이듬해에 하동군청이 한밤중에 불타버리는 소위 '하동군청 방화사건'이 발생했다. 사건이 나자마자 하동경찰서는 다음날 새벽에 기다렸다는 듯이 나를 포함한 좌익청년 4명을 방화범으로 단정하고, 집으로 경찰을 급파해서 구속 수감했다. 우리 네 사람이외에는 그 사건으로 조사받은 사람이 없었으니, 하동경찰서에서 이미 범인을 정해 놓았던 것처럼 느껴질 정도였다. 전기 기술자였던 나를 비롯해서 사진 기사였던 오남수, 인쇄 일을 하던 김판갑과 무직이었던 김덕수가 억울한 변을 당하게 되었다.

방화범으로 검거된 4명은 각자 집에서 잠을 자다가 체포되었기에 경찰서에 도착하기 전까지는 아무도 군청에 화재가 발생했다는 사실은 알지 못했다. 우리는 전날 밤 제사를 지냈던 오남수 군의 집에서 어머님이 비벼주신 제삿밥을 나누어 먹으면서 잡담을 주고받았는데, 오 군은 다음날 아침에 어느 면까지 가서 결혼식 사진을 찍어야 한다고 했고, 김판갑 군은 어느 학교 선생이 부탁한 인쇄 일이 급해서 밤에 일을 해야 한다고 먼저 자리를 떠났던 기억이 지금도 생생하게 남아있다.

경찰서에서 우리는 유치장 감방에 따로따로 분리 감금되었으며 서로 말도 주고받지 못하도록 엄한 감시를 당했다. 사흘째 되는 날부터는 부산에서 온 특수형사 네 명이 우리를 한 명씩 전담해서 고문하기 시작했다. 경찰 방망이는 장난감에 불과했고, 굵은 로프와 양동이, 두터운 목욕수건과 큰 물주전자, 주릿대 몽둥이 등등의 고문용구가 널려 있는 고문실에 끌려가서 밤 10시경부터 새벽까지 형사들이 술 냄새를 풍기면서 휘두르는 고문도구 밑에서 몇 번이고 엄마를 부르다가 기절했는지 모른다. 무조건 우리 네 명이 방화범이라는 사실을 시인하라는 것이었는데, 나는 그런 거짓을 결단코 용납할 수가 없어서 끝까지 버텼다. 며칠이 지났는지, 온

몸은 멍든 자국과 터진 상처의 피딱지로 덮여 있었고 등은 부어올라서 반듯이 눕지도 못할 정도였다.

밤만 되면 원수 같은 남 형사란 놈이 만취가 되어 들어와서는 방바닥의 몽둥이를 발로 차면서 "어이 김해수, 오늘도 잘 해보자잉!"하면서 내 머리를 움켜쥐고는, 내 얼굴에 마시고 남은 물을 확 부어버리면서 고문놀음을 시작하곤 하는 것이었다. 분통이 터져서 약이 오를 대로 오른 나는 어느 날, 그 놈을 똑바로 노려보면서 "야 이 새끼야, 남 형사 이 새끼야! 네가 나를 오늘 밤에 죽여 버려라. 그래야 네 놈이 살아남지, 만일 내가 여기서 살아 나간다면 만사 제치고 네 놈 뒤를 따라 다니면서 네 놈을 꼭 죽이고 말 것이다. 그래, 자, 어디 해 봐라. 나는 오늘 저녁에 네 놈 손에 죽을 각오를 하고 있다. 이 노옴!"하며 이를 뽀드득뽀드득 갈았다. 그랬더니 남 형사란 놈은 밖으로 나가서 술병을 하나 들고 오더니, 혼자서 몇 잔이고 술을 퍼 마시고는 나를 감방으로 그냥 돌려보내는 것이었다. 이튿날 아침이 되자 취조실에서 "방화한 일이 없습니다" 라고 쓴 조서에 손도장을 찍게 하더니 우리를 바로 진주교도소로 송치한다는 것이었다. 나중에 알고 보니 경찰서로 잡혀온 지 3주일이 되는 날이었다.

그때 하동경찰서의 송치 서류를 검토했던 교도소 간수들의 말에 의하면 나와 김판갑 군의 조서에는 방화혐의에 대해서 '부인'으로 쓰여 있었고, 오남수 군과 김덕수 군의 조서에는 '시인'이라고 되어 있었다고 했다. 우리는 트럭 두 대에 두 명씩 따로 태워져서 진주교도소로 압송되었는데, 도중에 횡천을 지나면서 도로변에 있었던 시댁 마당에서 수심어린 자태로 일을 하던 둘째 누님을 흘낏 보고는 눈물이 왈칵 쏟아졌던 기억이 떠오른다.

교도소에 도착하자 체중과 키를 재고, 발가벗겨져서 몸의 상처를 기록한 후 치아와 소변용구 검사까지 한 다음, 파란색 미결수복을 입혀서 가슴에는 수번을 붙인 채 감방으로 수감되었다. 감방에 들어가기 전에 나는 언젠가 들은 적이 있는 교도소 감방 내의 '신입신고' 절차가 생각나서, 들어서자마자 선 채로 "저는 하동에서 온 김해수라는 사람입니다. 하동군청 방화사건에 걸려서 왔습니다. 잘 부탁합니다" 하면서 가볍게 머리를 숙였다. 출입문 쪽에 가까운 자리에 앉아 있던, 하얀 명주로 된 사복 바지저고리를 입고 있던 40대 어른이 "여기로 와서 앉으시오" 하면서 자기 옆자리에 나를 앉혀 주었다. 그이는 경남 사천 농업조합위원장이었는데 억울하게 좌익탄압 사건에 연루된 사상범이었다.

자리에 앉아서 방안을 둘러보니까 감방은 약 6평 남짓한 반듯한 방이었는데 출입문은 복도에 면한 벽의 끝에 있고, 채광 창문 두 개가 안마당 쪽으로 높게 나 있으며, 출입문과 대각선을 이루는 구석에 자그마한 타원형 나무통이 하나 놓여 있었는데 거기에 뚜껑이 있는 걸로 보아 오물통임을 짐작할 수 있었다. 감방 안에는 12명의 미결수가 있어서 밤에 잘 때는 잠자리 잡기가 어려울 정도였으나, 낮에는 모두가 벽에 등을 대고 마주 보며 'ㅁ'자 모양으로 앉아서 그리 좁게 느껴지지는 않았다. 입구의 오른편에는 수갑을

양손에 차고 있는 표종대라는 이름의 미결수가 있었다. 그는 살인 강도 혐의로 기소되어 진주법원에서 사형을 선고받았지만, 불복하여 상고를 해서 대구로 이감될 날을 기다리고 있다고 내 옆의 어른이 알려주었다. 어쨌든 그 표종대 씨가 규율부장이라고 하니 그렇게 알아 모셔야 할 일이었다.

아침이 되면 방안의 모든 사람들이 일어나 담요를 개어 구석에 포개놓고, 걸레에 주전자의 물을 약간 적셔서 방을 닦았다. 그러고 나서 아침식사가 시작되는데 이때는 손 빠른 사람이 작은 식구통 문을 안으로 90도 눕힌 후에 사람 숫자에 맞춰서 밥그릇을 먼저 받은 다음에, 국그릇을 전부 바닥에 놓고 새로 받는 국을 계속해서 국그릇에 추가로 부어 잽싸게 빈 그릇을 만들어냄으로써 조금이라도 더 국을 받으려고 애를 썼다. 그때 우리가 진주교도소에서 먹었던 밥은 미국에서 구호품으로 온 통밀에다 쌀을 약간 섞은 것이었다. 붉은 색의 동그란 밀알 속에 쌀이 드문드문 섞여 있어서 밥을 입에 넣고 씹으면 밀 껍질이 톡톡 터지는 묘한 밥이었다. 나는 첫날에는 그 밥을 차마 먹지 못해서 딴 사람에게 주고는 소금국에 야채 잎이 한두 개 떠다니는 국물만 마셨는데, 얼마 지나지 않아서 통밀을 씹어서 터트리는 재미에 아주 잘 먹게 되었다.

아침식사를 마치면 국물을 흘린 마루를 걸레로 닦고 방에 두는 국그릇도 깨끗이 닦아서 청소와 설거지를 끝냈다. 그런 다음에 방에 앉아 있던 순서대로 한 사람씩 일어나 오물통 뚜껑을 반쪽만 열고 그곳에다 소변도 보고, 손가락으로 이를 닦아 물로 헹구어서 오물통에 쏟아 붓고, 주전자 물을 손에 받아 얼굴을 씻고 수건으로 닦는 절차를 수행했다. 그리고는 마지막으로 오물통 위에 올라앉아서 모두가 보는 가운데 남자의 그것을 꺼내 놓고 큰 볼일을 보는 순서가 허락되었다. 우리들은 가능한 오물통에 물이 덜 차게 하기 위해서라도 물을 철저히 아껴 썼으나, 아침식사 후 변기를 비우는 시간이 되면 오물통에는 반 가까이 물과 대소변이 차는 것을 어쩔 수 없었다. 또 아무리 뚜껑을 잘 맞춰 닫아도 그곳에서 조금씩 새어 나오는 향기는 결코 유쾌하지 못한 것이었다.

그런데 나 같은 경우는 진주교도소의 재소 기한이 10일이어서 아마도 일주일 이내에 재판소로 출정하게 될 것이고, 그날 바로 판결이 나서 석방될 가능성이 있다는 것이 방 안에서 들은 낙관적인 이야기였다. 사흘째 되는 날 아버지께서 넣어주신 명주 사복이 들어왔는데, 그 옷으로 갈아입고 나니까 나는 동물에서 사람으로 환생한 기분이었다. 하지만 감방 안에서조차 수갑을 차고 있는 사형수 표종대가 밥을 먹을 때와 잘 때, 몸이 가려울 때, 용변 볼 때 힘들어하는 모습이 너무나 가여워 마음이 몹시 아팠다.

나흘이 지났던가. 오후에 우리 방에는 특별한 식구가 한 사람 들어왔다. 문이 열리자 키가 몹시 작고 얼굴은 고양이처럼 생겼는데 코만 커서 희한하게 보이는 사람을 방 안으로 밀어 넣고 간수는 가버렸다. 이 친구는 교도소 풍속에 대한 상식이 전혀 없는 듯, 들어오자마자 벽에 기대어 앉아 있는 사람들을 무시하고 방 가운데 아무 말도 없이 퍼질러 앉더니 이 사람 저 사람의 얼굴을 차례대로 관찰하는 것이었다. 표종대가 어이없어 하면서 "야 이 새끼, 너 어디서 왔어?"하니까 깜짝 놀라서 그 쪽을 보고는 "나요? 나… 남해…남해 이동면에서 왔어요" 라고 했다. "그런데 이 새끼는 이름도 없나?"하고 표종대가 추궁하자, "내 이름은 박준식인데요, 의사입니다" 라는 답이 나왔다. "뭐라, 의사라꼬? 의사가 지랄한다꼬 여기 왔나?"라고 하면서 표종대가 점점 험악하게 분위기를 잡기 시작했다.

이쯤 되다 보니 내가 옆에서 보고만 있을 수가 없어서 자연스럽게 끼어들면서 분위기를 좀 풀어 나갔다. 박준식이라는 그 의사는 남해 시내의 작은 병원의 원장 밑에 있는 대진의사로서, 원장 선생이 출타한 사이에 어느 산모의 조산을 맡게 되었다고 했다. 워낙 심한 난산인 데다가, 박 의사도 전혀 경험이 없어서 주사 하나 놓아 주지 못한 상태에서 산모가 심장마비로 사망을 하는 바람에 남편으로부터 고소를 당했다는 것이었다. 그의 이야기를 듣고 나서 나는 그를 동정하는 마음이 생겼는데, 표종대는 박 의사를 힐끗 보면서 "병신 새끼, 아무 주사라도 한 대 꾹 찔러 주었으면 고소까지 당하지는 않았을 거 아냐" 하더니, "넌 저기 가서 앉아" 하고 오물통 가까운 곳에 그의 자리를 정해 주었다.

다음 날 아침에 식사를 마치고 차례대로 볼일을 보는 행사가 반쯤이나 진행되고 있는데, 그 의사 선생께서 배가 아파서 못 참겠다고 순서를 바꾸어 달라는 것이었다. 할 수 없이 표종대가 순서를 바꾸어 주었는데 그는 오물통에 올라가서 용변을 보려고 하다가 자신의 그것이 벽에 기대어 앉아 있는 사람들에게 정면으로 구경거리가 된다는 것을 알고는, 통 위에서 방향을 바꾸려다가 그만 오물통에 빠지고 말았다. 그로 인해서 온 방에 오물이 튄 것은 말할 것도 없지만, 더욱 가관인 것은 가슴까지 오물통 안에 빠진 채 버둥거리는 박 의사를 여러 사람이 운반해 나가는 소동이었다. 남은 사람들이 방을 닦느라 야단법석을 하는 동안에, 말끔히 씻은 오물통과 함께 돌아 온 박 의사는 냉수로 목욕을 당했는지 오들오들 떨고 있었다. 우리는 감방 구석에 담요를 깔고 그에게 담요를 여러 장 뒤집어 씌워 주었는데, 한참이 지나서 추위가 가시자 그는 훌쩍훌쩍 울기 시작했다.

교도소에 수감된 지 열흘째 되던 날 아침에 나와 김판갑 군은 출정 통지를 받고 패통을 쳤다. 패통이란 감방마다 달려 있는 긴 나무판자가 밖으로 돌출되어 있는 장치인데, 당일 검찰청으로 출정하는 사람에 대해서 간수들이 감방마다 돌아다니며 출정 통보를 하면 알았다는 뜻으로 방 안에서 패통을 쳐내어서 멀리서도 보이게 하는 장치였다. 아무튼 그날 오후에 나와 김판갑 군은 포승줄에 묶인 채 검찰지청에서 무죄 판결을 받고 교도소로 돌아왔다. 저녁식사를 다른 사람에게 양보하고 기다리다가 저녁 7시가 지나자 석방되었는데, 나는 감방을 나오면서 남아 있던 사식 식권을 박 의사에게 물려주었다.

교도소에서 풀려난 우리는 마중을 오셨던 아버지와 함께 묵을 여관의 위치를 확인한 후에, 근처 식당으로 가서 오랜만에 한정식을 시켜서 실컷 먹었다. 김판갑 군과 나는 아버지께 잠시 바람을 쏘이고 오겠다며 약간의 돈을 얻어서 우선 양담배를 한 갑 산 다음, 진주 남간 백사장으로 가서 담배를 한 대씩 피워 물고는 모래밭에 드러누워서 하늘을 향해 담배연기를 내뿜었다. 우리는 자유로운 몸이 된 행복을 실감하면서도 다른 한편으로, 유죄판결을 받고 대구교도소로 이감되어 갈 오남수 군과 김덕수 군의 참담한 처지를 걱정했다.

결국 그 친구들은 옥중에서 죽었다는 소식을 훗날 전해 들었다. 그리고 사건 직후에 떠돌았던 소문에 의하면 '하동군청 방화사건'은 지방의 우익 청년들이 좌익 청년들을 모함하기 위해서 경찰과 짜고 꾸민 음모였다고 한다. 삶과 죽음이 교차하는 운명의 갈림길에서 천신만고 끝에 목숨을 건지기는 했지만, 나는 모진 고문의 후유증으로 얻은 폐결핵 때문에 평생 씻을 수 없는 고통을 짊어지게 되었다. 어찌됐든 나는 여든 살이 넘도록 살아서 이 사실을 기록이나마 할 수 있게 되었지만, 그 사건으로 아까운 인생을 송두리째 빼앗긴 두 친구가 못내 애석해서 지금이라도 그 사건의 숨겨진 진실을 밝히고 싶다. 고향 사람 가운데서 누군가 진실을 분명히 알고 있는 사람이 있다면, 용기를 내서 증언해 줌으로써 오남수 군과 김덕수 군의 영혼이나마 누명을 벗겨주기를 간절히 바란다.

내 친구 강대봉의 죽음

수많은 고향 친구들 가운데서 강대봉 군과 나는 유독 혈육처럼 지내던 사이였다. 해방 직후에 활발하게 '민청' 활동을 했던 그는 특히 각종 문화행사의 준비와 진행을 도맡아 지휘하던 청년 지도자였다. 훤칠한 키에 콧날이 뚜렷하고 눈빛이 서글서글한 귀공자형 멋쟁이였던 대봉이와 나는 너무도 호흡이 잘 맞아서, 눈만 뜨면 서로를 찾고 하루 종일 같이 붙어 다니는 단짝이었다.

강대봉 군의 집안은 하동에서 꽤 살만한 부자였다. 아버님께서 고향인 하동과 부산항 사이를 왕래하면서 화물을 운송하는 화물선을 세 척이나 가지고 있던 대 선주였기 때문이었다. 마당 깊은 기와집이었던 그 집의 응접실로 쓰이던 대청마루에는 축음기가 놓여 있었는데, 대봉이와 나는 클래식 음반을 감상하면서 과거와 미래를 넘나드는 온갖 이야기를 함께 나누었다. 딸 부잣집의 장남이었던 그가 좌익 청년운동에 앞장서게 되자, 이승만 박사를 숭배했던 아버님은 몹시 걱정을 하셨다. '빨갱이' 친구들과 어울려 다니지 말라고 대봉 군에게 호통을 치면서도, 오히려 나하고 같이 다니는 것만은 반기셨다. 내가 그 집에 놀러가서 인사를 드리면 "해수 왔는가?"하고 반색을 하며 나를 불러 앉혀놓고는 전기기술에 대해서 이것저것 물어보시기도 하고, 대봉이 아래로 여동생들이 많으니 기술자 사위를 하나 얻으면 좋겠다는 말씀을 하시기도 했다.

내가 하동군청 방화사건에 연루되어 고초를 당하던 그 무렵에 강대봉 군은 엉뚱한 일을 저질러서 고향을 떠나 있었다. 그는 가끔 아버님을 돕기 위해서 집안의 화물선을 타고 부산까지 왕래를 하곤 했는데, 그러다 보니 선장하고 선원들하고 친밀한 사이가 되었다. 뱃사람들은 근엄하기만 한 선주보다는 소탈하게 농담도 잘하고 서민적 리더십을 가진 대봉 군을 잘 따랐다. 그런데 어느 날 대봉 군은 가장 큰 화물선이었던 동명호의 선장과 기관장, 그리고 몇 사람의 선원들을 집합시킨 자리에서 특별한 계획을 발표했다. 당시 정부수입 휘발유 수송업을 맡아서 하던 그 배를 가지고 중국으로 가면 이문을 많이 남길 수 있다는 정보를 입수했던 대봉 군은 다 같이 '한탕'하자고 제안을 했던 것이다. 그리하여 용감한 대장 휘하에 모든 선원들이 작당을 해서 휘발유 드럼통을 가득히 실은 화물선을 이끌고 중국을 향해 떠나는 모험을 감행했다.

아버님께는 편지 한 장만 달랑 남긴 채, 남해안을 벗어나 서쪽으로 서쪽으로 달리던 배는 북한해역을 피해서 동경 125도선 근처의 공해 상으로까지 빠져나갔다. 그리고는 뱃머리를 정북 방향으로 돌려서 북진을 계속하다가 마침내 중국의 다롄大連항으로 들어섰다. 그 배를 맞이한 나이 많은 중국 상인들은 이제 갓 스물두 살밖에 안 되는 청년 선주가 휘발유를 한 배 싣고 온 배포에 질려서 일체의 장난을 하지 못하고 정당한 상거래를 해주었다고 한다. 대봉 군은 중국에서 휘발유를 제값에 팔아 넘겼을뿐 아니라, 그곳에서 싼 값에 마카오 양복지와 중국비단, 빨랫비누 등을 잔뜩 사들여 와서 무역업을 시작했던 것이었다. 그리고 여동생들에게 선물할 아코디언, 피아노 등의 악기와 한 궤짝의 음반, 영국제 싱거 재봉틀까지 싣고 왔다. 부산항으로 돌아와서 무사히 상품을 하역하여 창고에 입고시킨 후, 대봉 군은 선장 이하 모든 선원들에게 상여금을 듬뿍 나누어 주었다.

부산에 새로 집을 하나 마련해놓고 무역업에 열중하고 있던 대봉이는 내가 병을 앓고 있다는 소식을 전해 듣고는 온갖 약을 구해 가지고 하동으로 돌아왔다. 악랄한 물고문 때문에 감염된 폐결핵으로 왼쪽 폐에 급성 공동이 생겨서 나는 감옥에서 석방되자마자 각혈을 시작하게 되었던 것이다. 대봉 군은 나를 보신시킬 목적으로 여러 친구들을 불러 모아서 불고기 파티를 열기도 하고, 심지어는 땅꾼들을 시켜서 뱀까지 잡아오게 해서는 손수 그것을 약탕기에 넣고 달여서 나에게 억지로 먹이기도 했다.

그러나 나의 병세는 점점 악화될 뿐이었다. 할 수 없이 마산에 있던 국립요양원에 입원해서 늑막에 공기를 주입해서 폐의 결핵 감염의 확산을 막는 '기흉치료'까지 받다가, 내 손으로 기흉기 한

대를 만들어 가지고 고향으로 다시 돌아왔다. 한동안 친구인 김하수 군의 병원에서 계속 치료를 받고 있었는데, 폐결핵의 치료에는 바닷가의 해풍이 좋으며, 해산물을 섭취하는 게 유리하다는 말에 솔깃해져서 섬으로 가서 세상일을 잊어버리고 정양을 하고 싶다는 생각을 하게 되었다. 마침 김하수 군의 병원에서 근무하고 있던 김대동 군이 가정사정으로 고향인 전라남도 완도군의 소안도라는 섬으로 돌아간다는 이야기를 듣고 그 청년과 함께 떠나기로 결심을 했다. 라디오 가게 시절부터 나를 따라다니던 제자인 서병우 군도 그곳으로 따라가고 싶다고 하기에 같이 데리고 떠나게 되었다.

　우리 일행이 소안도에 도착한 지 얼마 되지 않아서 민족의 비극인 6.25전쟁이 터졌다. 선제공격을 당한 국군이 초전의 타격을 회복할 시간도 갖지 못한 채, 후퇴에 후퇴를 거듭하고 있을 때 한반도의 서남쪽 끝에 위치한 소안도에서는 전쟁의 소문만을 전해들을 수 있을 뿐이었다. 우리가 섬으로 정양을 하러 떠날 때 당분간 세상일을 잊고 대자연에 파묻혀서 지내리라 작정하고는 라디오 하나도 들고 가지 않았던 것이 못내 후회가 되었으나 어쩔 수 없는 일이었다. 신문도 안 들어오고, 전화 하나도 없는 섬에서 불안한 공기를 느끼며 지내는 나날이 답답하기 짝이 없었다. 그런데 언제부터인가 육지 방향의 북쪽의 하늘에서 야간에 번개불 같은 섬광이 번쩍번쩍 보이기 시작하더니 그것이 폭음 소리를 동반하고, 드디어는 쾅쾅하는 대포 소리로 변하더니만 끝내는 밤낮을 가리지 않고 큰 폭음과 섬광이 육지 쪽에서 연달아 날아들어서 예삿일이 아님을 짐작하게 했다.

이때 섬 안에서 보도연맹원들이 전부 완도경찰서로 소집이 되어서 배편으로 완도읍을 떠났다는, 왠지 기분 나쁜 예감이 드는 소식이 전해졌다. 그러더니 얼마 후에는 인민군 복장을 한 경찰 1개 소대가 소안도로 들어와서 초등학교 마당에서 '인민군 환영회'를 한다고 사람들을 소집했다는 것이다. 그런데 마침 그 '변장 인민군' 속에 얼굴을 잘 아는 순경들이 섞여 있는 것을 목격하게 된 소안도 주민 한 사람이 초등학교에 모여 있던 사람들에게 빨리 도망가라고 상황을 알려 주었다. 그리하여 산으로 들로 도망치는 소안도 주민들을 쫓아가서 죽이느라고 쏘아대는 경찰의 총소리가 온 섬 안에 진동을 했던 일도 있었다.

'보도연맹輔導聯盟'이란 해방 후 좌우익 진영의 대립상황에서 한때 좌익에 가담했지만 사상적으로 완고한 공산주의자는 아니라는 점을 정부에서 인정한다고 하는, 일종의 관제 전향자들의 조직이었다. 이승만 박사가 1948년에 남한단독정부 수립방침을 선언하고 대통령으로 당선된 이후로는 좌익단체나 좌익인사에 대한 탄압이 한층 극렬해져서 전국적인 숙청작업이 진행되었다. 이런 과정을 거치면서 1949년 말경에는 남한 전체에서 좌익 주동세력은 대부분 제거되었고, 남아있던 친좌익인사들은 해방 직후에 대단한 의식이나 사상적인 바탕 없이 좌익 청년단체에 이름을 올렸던 사람이거나, 집안에 그런 친척을 두고 있는 사람들이었는데 그

숫자가 무척 많았다. 치안당국으로서도 그들마저 대한민국의 국민될 자격을 박탈할 수는 없다고 생각했기에 보도연맹이라는 조직을 만들어서 등록시켰던 것이다. 그런 다음에 국민계몽 차원에서 차츰 교양을 시켜서 장차는 그 명단에서 빼준다는 방침 아래 1950년 초에는 각 지방의 경찰서별로 보도연맹원 등록을 완료한 상태였다.

그런데 훗날 알고 보니 보도연맹원들에 대한 소집명령은 완도경찰서만이 아니라, 남한 내의 모든 경찰서장들에게 일제히 내려진 내무부 치안당국의 긴급명령이었다. 처음에는 그 명령의 내용이 각 지방의 보도연맹원들을 경찰서별로 소집해서 인원점검을 하고는 후속지시를 기다려라 하는 정도였다고 한다. 그래서 모든 보도연맹원들을 자진출두 형식으로 소집했던 것이며, 소집통지를 받은 보도연맹원들도 자기 고향의 경찰서로 출두하면서 '시국이 어수선하니까 보도연맹원들을 경찰서로 불러서 강연이나 하고는 집으로 돌려보내겠지' 하는 마음으로 이웃끼리 나란히 손잡고 경찰서로 걸어가는 모습들이었다고 한다. 그런데 차츰 전황이 급박해지자, 일단 소집해 놓은 보도연맹원들을 집으로 돌려보내지 않고 경찰서 내의 이곳저곳에서 새우잠을 재우면서 식사를 외부에서 운반해 오는 등 예사롭지 못한 상태가 계속되었다. 그러다보니까 보도연맹원들의 항의가 터져 나오고 뭔가 수상한 분위기가 감돌기 시작하면서, 그들에 대한 집단학살이 전국에서 동시에 자행되었다는 것이다.

그들 가운데 사랑하는 내 친구 강대봉 군이 있었다. 나 자신도 보도연맹의 일원이었으니까 고향에 그대로 있었으면 내 단짝인 강대봉 군과 같이 뚜벅뚜벅 걸어서 하동경찰서로 들어갔을 것이고, 그 후 며칠을 하동경찰서로 무술도장 안에서 여러 친구들과 같이 지내다가 진주형무소로 이감된 이후, 어느 날 밤에 이유도 행방도 모른 채 광목으로 눈을 가리우고 두 사람씩 손목을 결박당한 상태로 트럭의 적재함에 실려서 어느 산골짜기를 지나가다가 총탄이 난사되는 가운데서 피를 흘리며 절명하게 되었을 것이 뻔했다. 1950년 7월 19일에 대봉이가 죽음을 맞이했던 마지막 장면을 나는 안타까이 상상해보곤 했다. 대봉이가 나 아닌 누구와 손목을 묶여서 트럭 위에 올랐을지, 그 순간 내 생각을 얼마나 했을지, 몇 번이고 되풀이해서 떠오르던 그 장면을 생각하면 지금 이 글을 쓰면서도 가슴이 아프다. 수려한 외모에 머리가 좋을 뿐 아니라, 가슴이 크고 따뜻했던 내 친구 대봉이가 너무나 아깝고 그런 친구를 죽인 인간들을 도저히 용서할 수가 없다는 분노가 치밀어 오른다.

보도연맹 사건의 진실은 최근에 많은 사람들에게 알려지게 되었지만, 전국에서 일제히 20만 이상의 인명을 앗아간 그 엄청난 살인명령을 어떠한 절차로 누가 누구에게 실행하게 했는지를 우리 국민들은 더욱 분명히 알아내야 하는 게 아닌가 생각한다. 아무리 전세가 급박했다고 하더라도 멀쩡한 양민을 '친공산주의자'로 몰아서 10일 정도의 단시간 내에 집단 살해해서 산간 계곡이

나, 폐광산의 암굴이나, 먼 바다의 고기밥으로 내다버린 만행에 대해서는 당연히 책임을 물어야 하지 않겠는가. 심성이 착한 우리 민족은 상당히 부당한 사건이라고 하더라도 이미 지나간 일에 대해서는 그것을 되새겨서 시비를 가리고, 죄인을 색출해서 죄를 묻는 것을 좋아하지 않는 경향을 가지고 있다. 그래서 '거창 양민학살사건'이나, '제주도 4.3사건' 같은 인면수심의 잔혹행위에 대해서도 지나치게 관대한 면이 있는 것 같다. 그러나 지금부터라도 알아야 할 것은 알고, 죄인을 용서하는 전통을 세워갈 필요가 있다. 그리하여 한국사람도 선악을 가릴 줄 아는 민족임을 입증해야만 할 것이다.

요즘 들어서 각 방송국마다 50여 년 전의 그 학살사건을 취재하고 고발하는 것을 보면 감회가 새롭다. 나처럼 80살이 넘은 관련자들이 아직은 살아 있고, 그동안 무슨 큰 죄인이나 된 양 숨을 죽이고 살아온 보도연맹원의 유가족들이 겨우 기를 펴게 된 지금 보도연맹 사건의 희생자들이 어떤 수준의 사람들이었는지, 이름이나 알고, 죽은 장소라도 알고 지나가야 한다는 것은 결코 나 혼자만의 고집이 아님을 확인할 수 있어서 그나마 다행이라고 위안을 삼을 뿐이다.

전쟁통의 소안도 피난살이

온 나라가 동족상잔의 비극에 빠져들었던 전쟁의 와중에서 나는 우연찮게도 병든 몸이 됨으로써 살아남았다. 사실 내가 고향을 떠나서 소안도로 가게 된 배경에는 또 다른 불행이 있었는데, 그 무렵 나는 일제 말기의 다덕광산에서 혼약을 맺었던 전처와 이혼을 하게 되었던 것이다. 다덕광산 시절에 겨우 스물두 살의 철모르던 젊은이가 주변의 권유에 이끌려서 결혼을 하게 되었지만 시간이 흐를수록 그때의 결정이 잘못되었다는 것을 알게 되었다. 전처와 나는 처음부터 서로 성격이 화합되지 못했고, 그 때문에 점점 불행해졌다. 그래서 나는 다덕광산에서 고향으로 떠날 때 전처를 그곳에 남겨두고 이혼을 하기로 이미 결심을 하고 있었다. 하지만 그녀는 한동안 광산에 남아 있다가 어느 날 고향으로 나를 찾아왔다. 차마 그녀를 뿌리칠 수가 없어서 부모님께 인사를 시키고 함께 살다가 아들도 하나 낳았지만, 해방 직후의 어수선한 상황 속에서 우리의 불화는 그치지 않았다. 물론 내 잘못도 컸지만 결국 그녀는 병든 몸이 된 나와 아들까지 버려두고 내 곁을 떠나고 말았다. 그래저래 나는 요양을 하면서 심리적인 정리도 할 겸해서, 어린 아들을 부모님 댁에 맡겨두고 섬으로 가게 되었던 것이다.

소안도에 도착한 우리 일행은 소안면의 비자리에서 한 농가의 별채를 얻을 수 있었다. 그곳을 공부방이라고 정해 놓고는 두 사람의 제자가 밥을 직접 지어서 먹고 살기로 했다. 그런데 알고 보니 이 섬에는 쌀을 파는 가게가 전혀 없었고, 섬사람들이 먹는 밥이란 게 꽁보리에다 고구마를 으깨어 섞은 고구마 보리밥이었다. 집집마다 쌀 단지는 조선종이로 봉해 두었다가 명절 때나 제사 때에만 쌀밥을 짓는다는 것이었다. 우리는 첫날부터 보리쌀에 고구마를 같이 넣고 삶다가 보리가 익으면 주걱으로 고구마와 보리밥을 으깨는 방법을 배워서 밥을 지어 먹었는데 다행히 그런대로 먹을 만 했다.

섬으로 떠나면서 나는 한동안 육지로 나오지 않을 작정을 하고 상당량의 약품을 준비했는데, 이러한 약품들 덕분에 '소안도의 명의'라는 소리를 듣게 될 줄은 미처 몰랐다. 우리가 소안도에서 살기 시작한 지 일주일쯤 되었을 때 김대동 군의 친척집에서 어린아이가 설사가 멈추지 않는다고 나에게 업고 왔다. 진찰을 한 다음에 약을 먹이고 주사를 놓아 주었더니, 그날로 설사가 멎고 아이의 열이 내리게 되었다. 그러자 아이의 부모가 고맙다고 김치와 젓갈, 말린 고기들까지 잔뜩 가져왔다. 그 일이 있은 후에 소문이 퍼져서 며칠 사이에 아픈 사람들이 점점 더 많이 찾아와 치료를 해 달라는 것이었다. 내가 "이 곳에는 병원이 없느냐?"고 물었더니, "병원이 하나 있기는 하지만 원장이 아편환자여서 병원에 가려면 아편 덩어리부터 먼저 구해야 합니다"라고 하는 것이었다.

나는 요양과 공부를 한다는 조용한 섬을 찾아왔지만 아침부터 아픈 사람들이 몰려와서 줄줄이 진료 순서를 기다리고 있으니 모른 척할 수가 없었다. 그런데 놀라운 것은 섬사람들에게서 드러나는 약효였다. 평생 한번도 약을 써 본 적이 없어서 그런지 육지 사람들이 먹는 약의 양의 20%만 주어도 효과가 엄청났다. 급성 폐렴으로 목숨이 위태로운 아이에게 소량의 페니실린과 몇 가지 약을 처방했더니 단지 사흘 만에 완치되었다. 그 아이의 어머니는 울면서 고맙다고 하고 가더니, 일주일 만에 찾아 와서는 해녀인 자기가 직접 잡은 전복으로 만든 젓갈이라며 작은 단지 하나를 주고 갔다. 그것은 전복 살을 깍두기처럼 썰어서 담은 것이었는데 그 맛이 기가 막혔다. 우리는 식사 때마다 조금씩만 먹기로 약속을 하고 오랫동안 아껴가면서 먹었다. 치료를 하고 약을 주어 보내면 어떤 사람은 아예 비장의 명절용 쌀독까지 들고 오는 바람에 그들의 정성이 오히려 감격스러운 지경이었다.

하루는 우리 세 사람이 명선리明仙里라는 곳으로 왕진을 나갔다. 이름 그대로 명선리는 정말로 아름다운 곳이었다. 방풍림 아래에 흰 모래 언덕이 있었고 그 끝자락에서 회색 자갈밭을 씻어내고 있는 바닷물이 유난히 맑아 보였다. 그 바닷가의 언덕 위에는 깨끗한 집이 한 채 있었는데, 그곳에는 박 노인이라는 사람이 해녀인 안주인과 단둘이 살고 있었다. 방 세 개에 널찍한 통마루가 있고 멋진 마당이 있는 그 집에서 바라보는 바다는 너무나 아름다웠다.

그 집의 주인 노인장이 자기 집에 와서 병원 일을 하라고 열심히 청하는 바람에 우리는 며칠 후에 이사를 했다. 이사한 다음날 주인인 박 노인이 갑자기 배가 아프다고 해서 소화제와 정장제를 먹인 다음 모르핀 주사를 한 대 놓아 주었더니 금세 괜찮아졌다. 그러나 며칠이 지나지 않아 또 복통이 생겼다고 하기에 모르핀 주사를 놓아 주었더니, 약이 약하다고 한 대만 더 놓아 달라고 했다. 할 수 없이 한 번 더 주사를 해 주었더니 이제는 아프지 않다고 했다. 그러면서 묻지도 않은 옛이야기를 횡설수설하는 것을 보고서야 우리는 그 노인이 아편 중독자임을 알아차렸다. 그 후에 나는 우리가 가지고 온 모르핀을 다 써버려서 배가 아파도 소화제밖에는 줄 수가 없다고 노인을 좋게 타일렀다.

그러자 노인은 "그럼 할 수 없지" 하더니 부엌으로 가서 작은 놋 쇠화로에 아궁이의 숯불을 담아 와서 마루 한가운데다 놓는 것이었다. 그런 다음 하얀 접시에 물을 담아서 팔팔 끓인 후에, 콩알만 한 까만색 환약을 넣자 짙은 노란색이 우러나왔다. 접시를 불에서 내려놓은 뒤에 그는 방에서 5cc 짜리 주사기와 탈지면을 가지고 나와서 주사기 바늘 끝에 탈지면을 말아 노란색 물을 주사기로 3cc 정도 빨아들여서 식혔다. 우리는 이러한 광경을 넋을 잃고 보고 있었는데, 박 노인은 노란색 주사용 고무줄로 자신의 왼팔을 묶어서 혈관이 나오게 한 다음에 팔을 밥상 위에 올려놓고 주사침을 찌르는 동작이 기막히게 민첩했다. 주사기에서 노란색 약물이 혈관으로 천천히 다 들어가자 노인의 표정이 차츰 황홀한 듯 변하기 시작하더니 "휴우!"하며 주사침을 뺀 후 마무리를 하는 것이었다. 일련의 과정을 순식간에 숙달된 솜씨로 해치우는 모습을 바라보면서 나는 상당히 놀랐다.

내 의학상식으로는 생아편 덩어리 안에는 모르핀 이외에도 에페드린 등 10종류 이상의 알칼로이드가 함유되어 있어서 그것들을 한꺼번에 인체에 주입하는 것은 위험천만한 일인데다가, 탈지면 따위의 엉성한 여과장치를 통해 불순물투성이의 액체를 직접 혈관에 주사하는 것은 무모한 짓이 아닐 수 없었다. 내가 그런 염려를 이야기하자 박 노인은 "벌써 십년이나 이 짓을 하고 있는데 괜찮아요" 하는 것이었다.

소안도에 정착해 사는 동안 알게 된 일이지만 옛날부터 섬지방에는 아편의 원료가 되는 양귀비를 숨어서 재배하기가 쉽기 때문에 자연히 아편 중독자가 많이 생겨났다. 그 섬에도 세 집에 한 집은 호주가 아편중독자였으며, 아편꽃에서 긁어모은 까만색 아편 덩어리 하나쯤은 집집마다 상비약으로 지니고 있는 것이 보통이었다. 이 섬에는 특히 제주도 출신의 해녀 아주머니들이 많았는데, 제주도에서 전복이나 소라를 잡으려고 육지 가까운 섬에 원정을 왔다가 부잣집 총각이나 바람둥이 서방님과 결합을 한 경우가 많았다. 그런데 그 아주머니들은 한결같이 계속 해녀노릇을 하며 제주도 식으로 남편을 먹여 살리고 있었고, 남편은 집에서 아편주사나 찌르면서 정력 자랑을 하고 사는 모양이었다.

정력 이야기가 나왔으니 말인데, 그때 뱀과 관련된 사건들이 꽤 많았다. 소안도에는 유난히 뱀이 득실대서 사흘 건너 한 명 꼴로 뱀에 물린 환자들을 치료해 주어야 했는데, 뱀독 환자를 살리는 데 있어서 가장 중요한 포인트는 뱀독이 심장까지 전달되기 전에 시간을 버는 것이었다. 환자들은 대부분 뱀에 물린 자리 위의 혈관을 단단하게 묶는 응급처치를 해가지고 왔다. 그래서 나는 우선 강심제인 캠퍼주사를 놓아서 심장의 박동을 원활하게 만든 다음에, 뱀에 물린 자리를 메스로 찢어서 피를 흘리게 하고는 묶은 부분을 서서히 풀어서 시간을 두고 혈액의 순환이 되도록 했다.

그러던 어느 날 서병우 군이 나를 보신시키겠다고 섬 아이들로부터 독사 한 마리를 사가지고 와서 약탕기에 달여서 마시게 했는데, 나는 썩 내키지 않았지만 성의가 고마워서 받아 마셨다. 그런데 이튿날부터 마당 한구석에 있던 돼지우리에서 야단법석이 났다. 우리 안에는 토종돼지 두 마리가 있었는데 아침부터 꽥꽥 소리를 지르면서 팔딱팔딱 뛰어다니기 시작하더니 그 기운이 하루 종일 가는 모양인지 쉬지도 않고 우리 안을 뱅뱅 돌아서 시끄럽기 짝이 없었다. 저녁 무렵 물질을 다녀온 주인집 아주머니가 그 광경을 보더니 "돼지에게 그걸 먹였군요" 하는 것이었다. 전날 서병우 군이 뱀을 달이고 남은 뱀 고기를 돼지에게 던져주었는데 그걸 먹고 돼지들이 정력이 뻗쳐서 난리라는 얘기였다. 그 얘기를 듣고 보니 뱀을 달여 먹은 나 자신도 몸에 무슨 징후가 오는 게 아닌가 싶어서 묘한 기분이 들기도 했다.

시간이 차츰 흐르면서 이웃 섬까지 '소안도 명의'의 소문이 퍼져나가서 별의별 환자가 배로 운반되어 왔다. 내가 도저히 어찌할 수 없는 중병 환자는 딱 잘라서 완도읍으로 보냈는데, 난산으로 고생하는 부인의 조산을 부탁하는 남편을 설득하느라고 무진 애를 먹었다. 사실 나의 의학 지식은 내가 폐결핵을 치료하느라고 친구인 김하수의 병원에 다니면서 그곳에 있던 의학서적을 읽고, 때로는 김 원장이 내는 처방전으로 약을 지어주는 일을 하면서 2년 가까운 세월을 보내다가 얻은 것이 전부였다.

어쨌거나 내가 가졌던 약간의 의학지식과 약품의 효과로 인해서 우리는 꽁보리밥을 먹지 않아도 되었고 늘 고기반찬이 풍족했으며, 가끔은 지방유지 집에 초대받아서 유명한 조기죽과 전복구이 등을 대접받기도 했다. 그러면서 섬사람들의 입을 통해서 소안도라는 곳이 일제시대에는 항일 애국자들을 여러 명 배출한 곳이고, 해방 후에는 좌익 사상가가 많아서 '빨갱이 섬'이라고 소문난 곳이라는 것도 알게 되었다.

그런데 이 무렵 소안도 주위의 바닷가에는 두 사람씩 손목이 천으로 묶인 시체가 자주 떠내려왔다. 이들 시체는 부패해 있어서 사람을 분별하기는 힘들었고, 보기에 흉할 뿐 아니라 냄새도 지독해서 근처의 부락민들이 힘을 합쳐서 가까운 해변의 언덕 위에 묻고 '무명 묘'라고 새긴 비목을 세워 주었다. 나는 왕진을 오가는 길에 해안 가까운 곳에서 그런 묘를 여러 군데 볼 수 있었다. 어떤 시체는 입고 있던 옷으로 사람을 겨우 구분하게 된 가족들이 그것을 수습해 갔다는 말도 떠돌았다. 풍문에 의하면 완도경찰서에서 보도연맹원들을 배에 태워서 먼 바다로 나가서 두 사람씩 손목을 천으로 묶어서 뱃전에 세우고 총을 쏘아서 바다에 빠뜨려 넣었는데 파도를 따라서 시체가 소안도로 밀려왔다고 하기도 하고, 죽은 사람의 귀신이 고향 땅을 찾아서 왔다고 하기도 했다. 건너편에 있는 노화도나 신지도 등에도 동시에 많은 시체들이 표류해 왔다고 한다.

국제시장 '화평전업사' 개점

1950년 9월에 미군의 인천상륙작전이 성공했다는 소식을 전해 듣게 된 나는 소안도를 떠나기로 결심했다. 전쟁이 언제 끝날지, 무슨 일을 당할지 예측할 수 없는 상황을 앞두고 나름의 대비를 하고자 했던 것이다. 내가 소안도에 머무는 동안 조용히 요양생활을 하면서 주민들을 치료해주는 봉사활동을 했다는 '거주증명서'를 만들어서 소안면 면장의 도장을 받은 후에, 하동을 거쳐서 신고를 하고 부산으로 향했다. 피난민들이 북적대던 부산에 도착한 나는 국제시장 옆의 창선동에서 작은 라디오 가게를 열었다. '화평和平전업사'라는 간판을 내걸었는데, 혹독한 전쟁의 와중에서 간절히 평화를 염원했던 마음을 담은 것이었다.

라디오 가게는 개업을 하자마자 많은 손님이 몰려들었다. 불안한 전시상황에서 귀중품이었던 라디오 판매와 수리에 대한 수요가 끊이지 않았기 때문에 얼마 지나지 않아 나는 제법 돈을 벌 수 있게 되었다. 그러던 어느 날 김일청이라는 재일동포를 알게 되었다. 그는 해군 정보감실의 원자력 연구사업에 관여하고 있던 사람이었는데, 그가 우연히 나의 라디오 가게에 들러서 라디오 수리를 부탁하게 됨으로써 인연이 맺어진 것이었다. 그 이후로 나는 본의 아니게 해군의 원자력 개발 프로젝트에 깊이 개입하기 시작했다.

때로 김일청 씨와 같이 진해의 해군 통제부로 갈 때는 이승만 대통령 전용의 피켓보트를 타고 헌병들의 호위를 받으며 부산-진해 간을 왕래했으며, 또 지프차로 해군 통제부를 출입할 때는 극진한 예우를 받았다. 해군 통제부 안에는 대통령 전용 낚시터가 있었는데, 그 낚시터 옆 녹색 창고를 '해군기술연구소'로 사용하면서 원자력 개발을 하고 있었다.

한번은 해군 통제부 사령관 관사에서 숙박을 하면서 그곳에 기거하는 일본인 과학자를 만난 일이 있었다. 그는 자신이 한국의 원자력 연구를 위해서 납치되어 왔다고 나에게 말했다. 나는 그 과학자가 실험을 하는 데 필요하다고 요청하는 특수 경화 유리제품들을 제작해주는 일을 하게 되었는데, 당시 부산에서 형님이 운영하고 있던 전구공장의 유리들을 활용할 수 있었다.

그러던 중 나에게는 해군 장교복이 주어졌고, 갑자기 군속대접을 받게 되었다. 그런데 김일청 씨가 나를 해군의 현역 장교로 추천해서 정식 발령을 받게 하려고 준비하던 중에 미군 정보기관에서 그 프로젝트를 탐지하게 되었던 모양이다. 해군에 직접 압력을 넣었다가 뜻대로 되지 않자 미군 사령부에서 이승만 대통령에게 압력을 넣었다는 것인데, 결국 그때까지 진행되던 일은 모두 중단되고 관계된 조직은 해체되고 말았다. 지금 돌이켜보면 사건의 전말이 다소 황당하게 느껴지지만, 당시 나는 그 일을 통해서 우리나라의 원자력 개발계획에 참여하고자 하는 꿈에 부풀어 있었다. 그 때문에 라디오 가게를 운영하는 일에서는 마음이 떠나 있었고, 꿈이 깨진 후에 돌아와 보니 가게 형편이 말이 아니었다.

1952년 초봄으로 기억하는데, 이래저래 좌절감에 빠져 있던 어느 날 미군 병사 한 사람이 가게 앞에 지프차를 세우더니 자기 부대의 상사인 미군 대위가 나를 데리고 오라고 한다는 것이었다. 그래서 나는 출장용 공구함을 들고 광복동 입구에 있던 미군 중앙 PX^Post Exchange 본부로 따라갔다. 나를 기다리고 있던 사람은 그 본부의 책임자였는데 만나고 보니 이전에 내 가게에 몇 번이나 들렀던 사람으로 구면이었다. 그가 나를 부른 까닭은 미군 PX 내의 라디오 수리점에 대한 위탁운영을 의뢰하기 위한 것이었다.

미군 PX 내에는 직영 상점뿐 아니라 한국 사람에게 위탁운영을 하고 있는 가게가 세 개 있었다. 사진 현상인화점과 시계 수리점, 그리고 라디오 수리점이었는데, 라디오 수리점을 운영하던 한국인이 라디오 부정유출 사고를 내는 바람에 해약을 하고 후임자를 찾다가 나에게 제안을 하게 된 것이라고 했다. 운영조건을 물어보았더니 미군들의 라디오 수리비는 PX에서 정해놓은 표준 가격에 따라 달러를 받아서 매일 PX에 입금을 한 후에 매월 2회 원화로 환불 받을 수 있으며, 주요 부품은 원가로 30일 이상 외상으로 공급해 준다는 것이었다. 나로서는 호박이 넝쿨째 들어온 것과 같았다. 당장 계약서에 사인을 하고 그날부터 일을 시작함으로써 그동안 운영해 오던 화평전업사는 폐업을 하게 되었다.

이렇게 시작한 미군 PX에서의 라디오 수리점 운영은 '광복동 PX 본점'에 이어서 '하야리아 PX지점'과 '32보충부대 지점'을 동시에 운영하면서 3년간 계속되었다. 이 기간 중에 내 손으로 고친 라디오가 거의 3,000대가 넘었는데, 그런 과정을 통해서 나는 미제 라디오에 대해서는 둘째가라면 서러울 정도의 전문가가 되었던 것이다.

내가 미군 PX에서 라디오 수리점을 운영하는 동안 전쟁이 끝났다. 나는 조카 김동훈에게 라디오 수리점 운영의 일부를 맡겨두고, 전축공장 등의 새로운 사업에 손을 댔다가 큰 실패를 맛보고 말았다. 그러는 사이에 지병인 폐결핵이 회복 불가능한 상태로까지 악화되어 죽느냐 사느냐의 기로에 서게 되었다.

1956년에 나는 조카 김화자가 간호사로 근무하고 있던 서독병원에 입원해서 수술을 받았다. 서독병원은 6.25전쟁 때 서독정부가 우리나라를 돕기 위해서 설립한 의료시설로서 피난민으로 가득 찬 부산에서 병고에 신음하던 우리 동포들을 구호하는 데 큰 역할을 하고 있었는데, 나에게는 목숨을 구해 준 병원이었다. 내가 그곳에서 받은 수술은 '폐첨 압박 늑골절제 수술'이었고, 왼쪽 폐에 생긴 큰 공동을 압박해버리기 위해서 가슴의 늑골을 열 토막이나 잘라내는 대수술을 두 차례에 걸쳐서 받았던 것이다. 다행히 수술결과는 성공적이어서 겨우 목숨은 건지게 되었지만 한쪽 폐를 더 이상 쓸 수 없게 된 상태에서, 가슴에는 수술 칼자국들이 깊이 팬 흉한 상흔이 남게 되었다.

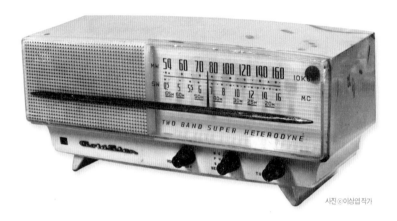

사진ⓒ이상엽 작가

"드디어 우리 손으로 만들어진 라디오가 나타났습니다" (1959년 당시 방송에서)
1959년 11월 15일, 엔지니어 김해수의 손으로 탄생시킨 최초의 국산 라디오 A-501

3부

국산
라디오 1호를
만들기까지

금성사 수석 합격과 라디오 개발

1958년 초가을, 주요 일간신문의 광고란에 럭키화학공업사가 낸 '고급 기술 간부 모집' 광고가 유난히 눈에 띄었다. 그 내용은 럭키 화학공업사의 자회사로서 전기제품 전문회사인 주식회사 금성사 가 별도의 법인으로 설립된다는 것, 그리고 장차 이 회사를 주도 해 나갈 간부 기술자를 공개 채용한다는 것이었다. 당시 럭키화학 공업사는 해방 후 우리나라에 널리 보급되던 미제 치약을 몰아낸 것으로 유명한 '럭키치약'을 생산한 회사였고, 또한 여자들의 화 장품과 머리핀을 비롯한 플라스틱과 비닐 제품을 국내 최초로 개 발하여 큰 성공을 거둔 신흥재벌이었다. 이런 회사에서 새로 설립 하는 금성사도 일본의 '마쓰시타松下전기'처럼 우리나라 전기분야 의 주도적인 회사가 될 것임이 분명해 보였기에 나는 이력서를 제 출하기로 결심했다.

그런데 전쟁 이후에 일자리를 구하기가 쉽지 않았던 사정도 있었지만 전국의 젊은이들이 너도나도 이력서를 제출함으로써 럭키화학 본사에서는 2,000장에 달했던 그 이력서의 분류와 정리에 무척 애를 먹었다고 한다. 1차 서류 심사에서 선별된 이력서는 재심을 거쳤고, 최종 심사 끝에 약 100명의 기술자들에게 필기시험 통지서가 보내졌다. 필기시험은 부산 서면의 연지동에 있었던 금성사의 새로 지은 공장 2층에서 치러졌다. 그날 아침에 시험장소에 가서 적당한 자리를 잡은 다음에 주위를 한 바퀴 둘러보니 시험장에 나타난 83명의 응시생 중에서 내가 가장 연장자인 듯했다. 30대 중반에 들어선 나이에 취직 시험을 보겠다고 나선 나의 용기는 가상했지만, 한편으로 서글픈 느낌이 드는 것은 어쩔 수 없었다.

시간이 되자 먼저 금성사의 기술 책임자이며 공장장인 서독인 헨케H. W. Henke 씨가 통역 겸 기술자인 김균 씨를 통해서 간단한 자기소개를 했다. 이어서 시험내용과 답안 작성 요령에 대한 설명이 있었는데, 그 내용이 다음과 같았던 것으로 기억한다. "첫째, 시험문제는 간단하지만 문제의 숫자가 많다. 둘째, 비밀을 유지하기 위해 미리 문제를 프린트하지 않고 이 자리에서 발표한다. 셋째, 문제는 통역인 김균 씨가 차례로 칠판에 써내려갈 것이니 응시자는 문제 번호와 답안만을 쓰고 시험문제는 쓰지 말라. 넷째, 응시자는 답안 내용을 암시할 우려가 있는 질문을 하지 말길 바란다. 다섯째, 답안을 다 쓴 사람은 응시자 이름을 썼는지 재확인한 뒤 답안지를 제출하고 귀가해도 좋다. 여섯째, 결과는 각자의 주소로 우편 통지한다."

그리고는 시험이 곧 시작되었다. 시험장의 앞쪽에는 교실처럼 커다란 칠판 하나가 걸려 있었는데 김균 씨가 문제 번호를 붙여 가면서 칠판에 써 내려가다가 공간이 모자라면 맨 위 문제를 지우고 다음 문제를 쓰는 식으로 진행되었다. 매우 빠른 속도로 문제가 제출되다 보니 잠시 속도를 늦춰 달라는 요청을 하는 사람들도 간혹 있었으나, 나에게는 너무 쉬운 문제들이었다. 아무튼 약 50문제에 가까운 질문에 대한 답안지를 작성하는 것으로 오전시험은 끝났다.

답안지를 제출하면서 받은 식권 한 장을 들고 연지동 골목에 있는 지정 식당에 가서 점심을 먹었는데, 날씨가 약간 쌀쌀하기도 해서 별도로 소주 한 잔까지 시켜서 마시고 나니까 몸이 훈훈해지면서 한결 마음에 여유가 생겼다. 식사 후 시험장으로 올라가 내 자리에 앉으니 누군가 "선생님!"하고 반갑게 부르면서 나를 알아보는 게 아닌가. 해병대 통신장교의 부탁으로 한동안 나에게서 기술교육을 받았던 신언두 소위가 제대를 해서 시험을 치르게 되었다고 인사를 하고는 자기 자리로 가는 것이었다.

오후의 시험도 오전과 같은 방식으로 진행되었으나 끝으로 갈수록 문제의 답을 길게 써야만 했기에 다들 힘들어하는 분위기였다. 이때쯤 나는 이상한 느낌을 받았는데 여러 시험 감독원들이 유독 내 뒤로 와서 답안지를 한참 동안 보다가 가는 것 같았기 때문이었다. 마지막 시험문제라는 설명과 함께 김균 씨가 칠판에 써 내려간 문제는 "5 Tube, 2 Band(B,C/S,W)의 100V AC only 라디오의 회로도를 그리라"는 것이었다. 이 문제를 확인한 순간 나는 빙그레 웃었는데, 그것은 마치 고향 마을의 골목길을 그리라고 하는 것과 같았기 때문이다. 학창 시절부터 이미 일제 라디오를 수없이 다루었고, 미제 라디오 수천 대를 고쳐 본 나에게 그런 회로도쯤이야 눈을 감고도 그릴 수 있는 것이었다. 나를 제외한 나머지 82명의 응시자들은 난제를 앞에 놓고 끙끙대거나 손을 놓고 있는 모습들이어서 나는 미안한 마음이 들 정도였다. 아니나 다를까 내가 거침없이 회로도를 그려나가는 동안 시험 감독원 모두가 내 자리 뒤에 모여서 숨죽이며 감탄사를 주고받는 것이었다. 내가 힐끗 뒤를 돌아보니까 헨케 씨도 그들 사이에 섞여서 내 답안지를 내려다보고 있었다. 라디오 스피커까지 그려 넣음으로써 회로도를 완성하여 답안지를 제출한 후 나는 시험장 밖으로 유유히 걸어나왔다.

며칠 후 필기시험 합격 통지를 받고 실기시험을 보기 위해 다시 금성사 공장에 나가 보니, 1차 선발된 7명의 합격자 중에 나의 제자인 신언두 군도 끼어 있었다. 2층에 있었던 헨케 씨의 전용 공작실에서 치러진 실기시험 역시 독특하고 기발했다. 문제는 응시자 7명에게 면적 30cm×30cm, 두께 3mm의 알루미늄판 한 장씩을 나누어 주고, 뚜껑이 달린 작은 나사함Screw Box을 만들어 보라는 것이었다. 이 문제는 무르고 두터운 알루미늄판의 성질을 모르면 풀어낼 수 없는 것이었다. 작은 나사함을 만들기 위해 판을 억지로 구부려서 직접 판에 망치질을 한다거나, 바이스 같은 것에 물려 놓고 세게 조이면 판이 늘어난다는 것을 모르는 사람은 당장 실패할 수밖에 없었다. 각종 공구와 몇 개의 테이블 바이스가 작업대 주변에 여러 개 설치되어 있었는데, 뭔가를 암시하듯이 공작실의 여기저기에는 나무판자와 작은 각목들이 쌓여 있었다.

나는 문제의 함정과 원리를 잘 알기 때문에 다른 사람들이 준비하는 것을 보며 가만히 있었다. 예상대로 한 사람이 알루미늄판 위에 선을 그리더니 그 판을 바이스 이빨에 물려서 톱질을 하려는 게 아닌가. 나는 헨케 씨에게 들리지 않도록 작은 목소리로 "나무판자를 대고 바이스에 물리시오. 그리고 너무 꽉 조이면 안 되요"라고 속삭이자, 그 사람은 내가 그러는 이유를 눈치챈 듯했다. 그러자 넓은 공작실 안에 있던 여섯 사람의 수험생들이 내가 알루미늄판에 나무토막을 대고 때리고 구부리면 그대로 따라 하고, 내가 절곡부위에 드릴로 구멍을 내면 그대로 따라했기에 예민한 헨케 씨가 그것을 모를 리가 없었다. 그는 슬며시 내 옆으로 와서 "당신이 이 방의 선생같이 보이는군!"하며 영어로 한 마디 던지는 것이었다. 그런대로 몇 시간 만에 우리가 만든 여러 개의 나사함은 예쁜 것도 못난 것도 있었고, 미처 뚜껑을 만들지 못한 사람도 있었는데 이 시험에서 내가 수석을 차지한 것은 당연한 일이었다.

두 차례의 별난 입사시험을 통해서 처음으로 공채된 간부 기술자는 나와 신언두 군과 황영민 씨, 세 사람이었다. 기술 책임자인 헨케 씨의 제안과 이사회의 결의에 따라 수석합격자이며 실무경험이 가장 많았던 나에게 금성사의 첫 제품이며 우리나라 전자공업의 첫 아기라고 할 수 있는 금성 A-501 라디오의 설계임무가 바로 주어졌다. 나는 라디오 설계 작업에 필요한 조수로서 김찬수와 배정모 등의 입사시험 차점자들을 추가 채용하도록 건의했고, 별도로 김정수를 채용해서 나의 설계도면의 제도를 전담시켰다. 또한 내가 A-501을 설계하는 동안 신언두 군과 황영민 씨와 김균 씨에게는 열에 약한 게르마늄 트랜지스터보다 크게 개량된 실리콘 트랜지스터를 사용한 미제 라디오에 대한 공부를 시켰다. 이렇게 해서 나는 우리나라 전자공업이 뻗어나아갈 길을 개척하는 대장정의 첫발을 내딛게 되었던 것이다.

한국 전자공업의 선구자들

1958년에 금성사를 창업하게 된 배경에는 세 명의 선구자가 있었으니, 구평회, 박승찬, 윤욱현 씨가 바로 그 사람들이었다. 럭키화학공업사의 사장 구인회 씨의 동생이자 비서 격이었던 구평회 씨가 친구인 박승찬 씨를 럭키화학의 영업담당 상무로 영입했고, 기획부장으로 초빙된 윤욱현 씨는 박승찬 씨의 고향 선배로서 대한민국 정부가 수립된 이후 공보부의 한국사 영문 편찬관을 지낸 경력이 있었다. 세 사람은 모두 '지혜 보따리'라고 할 만큼 박학다식했고, 영어회화의 달인일 뿐 아니라 표준 영어문법의 권위자들이기도 했다. 그만큼 일찍이 선진문물을 접할 수 있었던 그들의 혜안과 신념 덕분에 오늘날 우리나라가 전자공업 대국의 지위에 오르게 되었다고 해도 과언이 아닐 것이다.

어느 날 럭키화학의 기업 전망을 논의하는 과정에서 이들 삼총사는 다음과 같은 결론에 도달하게 되었다고 한다. "럭키화학은 럭키치약의 성공에 이어서 한국에서는 처음으로 플라스틱 성형제품과 비닐 압연, 압출 제품의 생산에 착수함으로써 단기간에 많은 재력을 축적했다. 그러나 이러한 화학공업은 전형적인 장치산업으로서 기술수준이 낮고, 누구나 돈만 있으면 손댈 수 있는 분야이기 때문에 시장에서 오랫동안 독점적 지위를 유지할 수 없다. 그러므로 럭키화학의 약점인 금형의 해외 의존을 하루빨리 탈피하기 위해서 금형 국산화를 서두르는 한편, 축적된 자본을 바탕으로 일본의 선례에 따라 사람의 두뇌와 손재주가 중심이 되는 전자, 전기, 통신 사업을 시작해야 한다." 그리하여 세 사람은 우선 가정용 전자제품에서 시작하여 통신기기, 전력용 기자재 등으로 우리나라 산업을 발전시켜 나가야 한다는 점에 합의했다. 그런 다음에 구인회 사장에게 상신하는 한편, 사장을 보좌하고 있던 중진들인 구철회, 구정회, 구태회, 허학구, 허준구, 허신구 씨 등은 물론 구인회 사장의 장남인 구자경 씨까지 설득하기 위해 노력을 기울였다. 그런데 의외로 구인회 사장이 적극적으로 나서줌으로써 새로운 회사의 창업은 일사천리로 진행될 수 있었다.

세 사람은 새로 태어날 회사의 이름을 '주식회사 금성사'라고 정해서 럭키화학 중진들에게 제안했는데, 당시로서는 너무 튀는 듯한 이름 때문에 상당한 논란이 있었다고 한다. 하지만 삼총사의 끈질긴 주장에 따라 원안대로 결정되었다. 그리고 회사의 기본 구상을 하면서 창업 초기의 기술 자문역으로는 윤욱현 씨와 개인적으로 친분이 있었던 서독 기술자 헨케 씨를 교섭해서 영입했다. 헨케 씨의 의견에 따라 금성사의 첫 제품은 전기전용 5구^{진공관 5개} 중파 및 단파 2밴드 수신의 5와트 음성출력의 라디오로 결정했으며, 1차로 3,000대를 생산하기 위한 계획을 세웠다. 그리고 라디오의 필수 부품과 생산용 기계 시설은 헨케 씨의 부친이 운영하던 무역상을 통해서 서독으로부터 수입하게 되었다.

금성사 창업멤버 중의 한 사람이었던 윤욱현 씨는 각 분야에서 유능한 인재들을 채용하여 그들로부터 기계, 화학뿐 아니라 전기, 전자에 이르기까지 광범위한 지식을 흡수하고 소화하면서 금성사의 발전을 이끌어가던 훌륭한 지도자였다. 윤욱현 씨는 원래 공과 계통이 아닌 사범학교 출신이었지만 한동안 공보부의 역사 편찬실에서 일하다가, 퇴임 후에는 외국 기계류의 수입대행 업무를 하면서 미국이나 독일에서 생산되는 각종 기계에 대한 공부를 많이 했다고 한다. 그러던 중에 럭키화학의 기획부장으로 취임한 그에게는 플라스틱 사출금형의 국산화를 위한 기계공장을 설립하는 일과 공과대학을 졸업한 인재들을 채용하는 책임이 주어졌다.

그러나 금성사 창업 초기에 그가 만날 수 있는 전기 기술자는 서독인 헨케 씨밖에 없었다. 헨케 씨는 윤욱현 씨가 고충실도 원음 재생장치^{HiFiAmp}에 몰두하여 요즘으로 말하면 '오디오 매니아'였던 시절에 서울에서 자주 만나서 도움을 받았던 사람으로, 윤욱현 씨의 추천으로 금성사의 기술 총책임자 겸 공장장으로 입사 계약을 맺었다고 한다. 그러므로 금성사의 첫 제품을 가정용 라디오로 하기로 결정했던 경영진들은 라디오의 각종 성능상의 규격에 따른 수입 부품 및 국산화 부품의 분류와 발주, 수입기계 시설과 수입 원자재의 발주업무 등을 헨케 씨에게 거의 전적으로 의존할 수밖에 없었던 것이다.

윤욱현 씨는 많은 점에서 기인이라고 할만했는데, 무엇보다도 그는 기계에 대한 지적 호기심이 엄청난 사람이었다. 무슨 물건이든 좋은 것을 손에 넣으면 반드시 메뉴얼을 놓고 그것을 분해한 후 다시 재조립을 해봐야만 만족했다. 그의 호기심 앞에서는 카메라이건 타자기이건 전화기이건 비켜갈 수가 없었다. 전축을 구입하면 앰프의 저음용과 고음용 스피커까지 뜯어보아야만 직성이 풀렸고, 심지어는 영국에서 갓 수입해 온 자신의 오토바이를 철저히 분해해 보기 위해서 본체와 함께 전용 공구까지 수입하는 철저한 사람이었다. 요즘으로 말하면 그는 가히 편집증적인 '기계 매니아'라고 불릴 만했다.

뿐만 아니라 그는 '미식가의 원조'격이었다. 어쩌다 고급 음식점에서 식사를 같이 할 때에는 동석한 부하들에게 그 음식의 내력이나 맛을 음미하는 방법, 식사 매너까지도 소상하게 일러주곤 했다. 하지만 그가 늘 고급 미식가 취향만을 고집하는 사람은 아니었다. 종종 붕어낚시를 하러 부하들을 몰고 촌동네로 찾아가서는 저수지 곁의 논두렁에 퍼질러 앉아서 된장국을 훌훌 마시면서 된장에 풋고추를 푹 찍어서 맛있게 먹는 그의 소탈한 모습이 오히려 돋보이기도 했다.

그리고 윤욱현 씨는 회의 진행의 명수였다. 그가 많은 부하들이 참석한 자리에서 회의를 이끌어나가는 솜씨는 참으로 놀랄만한 것이었다. 회의 도중에 우리가 그의 질문에 응답하고 있는 동안에 어느새 그가 제시하는 결론으로 유도당하는 경우가 자주 있었다. 그가 치밀한 논리에는 누구라도 수긍하지 않을 수 없을 정도의 대단한 카리스마가 있었으며, 그의 끈질긴 설득력 또한 유명했다. 중진회의에서 부결당한 건의사항을 두 번 세 번 재상신해서 성사를 시키는 집요함은 '중국사람 기질'이라는 평가까지 받기도 했다. 지적 호기심이 왕성하고, 세련된 매너에 훌륭한 지도력을 가진 그는 80년대 초 아직 활동력이 왕성한 나이에 애석하게 타계하고 말았지만, 그와 함께 우리나라 전자공업의 험한 길을 닦아나가던 보람찬 추억을 나에게 남겨주었다.

윤욱현 씨를 비롯한 한국 전자공업의 선구자들이 그들의 신념을 구현할 수 있게 된 배경에는 연암蓮庵 구인회 회장이 있었다. 내가 금성사에 출근한 첫날 사장이었던 그를 처음으로 가까이 볼 수 있었는데, 그는 국산 라디오 1호의 전담 설계를 나에게 직접 지시하고는 "열심히 하게!"라고 하며 내 손을 힘 있게 꽉 쥐는 것이었다. 그 자리에는 구정회 부사장, 윤욱현 상무와 박승찬 상무, 구자경 럭키화학 상무, 어준구 씨와 헨케 공장장이 함께 하고 있었다.

그날 이후 나는 공장 2층에 있던 설계실에서 조수 기술자 2명과 제도사를 데리고 라디오 설계 작업에 들어갔는데, 구인회 사장은 가끔 그곳에 들러서 내가 과로하고 있음을 염려하곤 했다. 설계 작업이 본격화되자 나는 출퇴근하는 시간도 아까워서 공장 가까운 연지동에 셋방을 얻어서 이사를 하고는 밤새워 일을 할 때가 많았는데, 사실 그 당시의 내 건강상태는 겨우 회복기에 든 중병 환자였지만 일에 열중하다 보니 몸이 아픈 것도 잊고 지낼 수 있었다.

그로부터 몇 년이 지난 후에야 알게 된 일이지만 내가 금성사에서 일한다는 소문을 전해 들은 과거의 동업자가 나에게 투자한 자금을 회수하고자 금성사를 찾아온 일이 있었다. 눈치 빠른 수위들이 나를 불러주지 않자 서로 옥신각신하고 있었는데 윤욱현 상무가 그 광경을 보고는 그 사람을 불러 자초지종을 대략 듣고 돌려보냈다고 한다. 그 일을 보고 받은 구인회 사장은 "별로 큰 돈은 아니지만 김 군에게 그런 돈이 있을 리가 있겠는가. 그 사람을 불러서 금액을 조정하고 회사 돈으로 청산해 주되, 김 군에게는 아무 말 하지 말게"라고 지시했다는 것이다. 나중에 그 사실을 알게 된 내가 구인회 사장에게 사죄와 감사의 인사를 드리자 그는 그저 담담한 표정으로 "응, 그런 일이 있었제"라고만 할 뿐이었다. 평소에 긴 말은 없었지만 회사가 중대한 기로에 처할 때마다 현명한 용단을 내렸던 기업가적 결단력과 속정이 깊은 구인회 사장의 배려 덕분에 금성사의 간부진과 직원들은 모두가 한마음으로 기적 같은 일들을 이루어 낼 수가 있었던 것이다.

첫 국산 라디오 'A-501'의 탄생

내가 금성사에 출근해서 일을 시작했던 연지동 공장 2층의 설계실에는 새로 선발된 기술진을 위해서 큰 나무 작업대가 하나씩 준비되어 있었으며, 공용으로 쓸 공작실에는 모든 종류의 공구가 벽에 가득 걸려 있었다. 그리고 같은 공작실에 있는 헨케 씨의 탁자 위에는 그가 만든 A-501 라디오의 시험제작용 조립 '섀시^{철제 기판}가 놓여 있는 것이 눈에 띄었다. 첫 출근한 날 오후에 나는 헨케 씨로부터 그가 구상했던 제품 회로도와 가조립한 섀시의 현품을 인수했으며, 수입 부품과 국내 제작부품의 구분 리스트도 건네받게 되었다.

A-501이라는 모델명은 A자는 AC^{Alternating Current, 교류}에서, 5자는 5구식 진공관 라디오라는 것이고, 01은 제품 1호라는 의미였다. 그런데 라디오의 부품을 조립하고 배선을 할 섀시의 기본구조를 결정하려면 먼저 라디오의 바깥 상자, 즉 캐비닛^{Cabinet}의 모양이 결정

되어야 했다. 나는 각종 자료를 수집한 끝에 최신형 일제 라디오를 모방해서 옆으로 길고 나지막한 몸체의 전면에 투명 다이얼판을 붙인 세련된 형태의 라디오 캐비닛 그림을 그려서 헨케 씨에게 보였다. 그때까지는 공장 내의 모든 기술적인 사안은 공장장인 헨케 씨의 승인을 받도록 위계질서가 설정되어 있었기 때문이었다. 내가 제안한 모델에 대해서 그는 한마디로 "안돼No Good!"라고 잘라 버리더니, 원래 그가 생각하고 있던 캐비닛의 모양을 나에게 설명했다. 그것은 유럽 중세의 고딕양식 교회건물처럼 아래위로 긴 상자의 윗면이 둥그스름한 구조였다.

나는 그를 한참동안 설득하면서 "라디오의 설계를 맡겼으면 캐비닛의 디자인까지 같이 맡겨야 하지 않느냐"고 항변하였으나 서로의 의견이 팽팽히 맞서기만 할 뿐이었다. 지금 생각해보면 일본문화에 친숙한 한국인과, 동양인에 대한 인종적 편견을 바탕에 깔고 유럽문화의 우월성을 주장하는 독일인 사이의 문화적 충돌이자 자존심 대결인 셈이었다. 결국 윤욱현 상무의 개입으로 헨케 씨를 포함한 간부 기술자 전원이 각자의 생각대로 플라스틱판을 접착해서 라디오 캐비닛의 샘플을 만들어서, 그것을 럭키화학 간부 전원의 인기투표를 통해서 결정하자는 합의가 이루어졌다. 며칠 후 이뤄진 투표를 통해서 내가 만든 견본이 절대다수의 지지를 얻어서 채택되었다. 그 이후에 나는 라디오 캐비닛의 디자인은 물론, 그 시대 금성사를 상징했던 왕관 모양의 샛별 마크와 'Gold Star' 로고까지 창안하는 산업디자이너 역할까지 떠맡게 되었다.

그렇게 해서 라디오 설계와 관련된 모든 일은 내가 주도해서 진행하게 되었는데, 그로부터 약 1년 후인 1959년 8월에 금성 A-501의 시작품試作品이 완성되어, 상공부 제4133호로 상표등록까지 마칠 수 있었다. 그리고 마침내 11월 15일에 국산 라디오의 출시가 이루어졌는데, 초기 생산량은 87대 정도였고 가격이 2만환이었다. 내가 금성사에서 받은 첫 월급이 6천환이었으니 결코 싼 가격은 아니었지만, 그때 시중에서 3만3천환에 거래되던 미제 라디오에 비하면 훨씬 저렴한 편이었다.

당시 국제신보 1959년 11월 4일자에 "국산 라디오 등장"이란 제목과 함께 다음과 같은 내용이 보도되었다. "금성 A-501 국산 라디오는 기술 수준이 외국제품에 비해 손색이 없고 값도 싸다. 우리나라의 전기사정을 고려해서 50볼트의 낮은 전압에서도 소리를 들을 수 있도록 설계된 것이 특징이며, 처음부터 국산 부품을 60%나 사용한 것은 기록될 만한 일이다."

그런데 라디오의 설계를 내가 주도하게 된 과정이 헨케 씨의 마음에 상처를 입히고 그의 입지마저 위협하게 되자 나를 대하는 그의 태도가 점점 거칠어졌다. 그래서 알게 모르게 헨케 씨와 나 사이에는 일종의 전쟁이 벌어졌는데, 하루는 내가 라디오 부품의 수입 품목과 국산화 품목의 책정에 대한 헨케 씨의 결정에 대해서 잘못이 있다고 문제제기를 하게 되었다. 나는 초기에는 라디오 생산을 원활하게 하기 위해서 국산화가 어려운 부품인 수신전파의 선택 스위치Band Selecting Switch만은 반드시 추가로 수입을 해서 쓰자고 주장했다. 그 스위치 하나를 국산화하자고 여러 개의 금형을 만들면서 반년의 세월을 낭비할 수는 없지 않느냐는 것이 나의 의견이었다. 그러나 결국은 아무도 헨케 씨의 고집을 꺾을 수가 없어서 그의 뜻대로 일이 추진되었는데 4회로 3단인 그 스위치의 제작을 위해서 많은 사람이 엄청난 고생을 해야만 했다.

어쨌든 여러 난관을 뚫고 국산부품으로 스위치를 만들어낸 것은 지금 생각해 보면 거의 기적에 가까운 일이었다. 그 스위치를 만들기 위해 프레스 금형을 만들어서 2mm두께의 복잡한 베크라이트판을 불에 구워서 가공해 낸 일과 0.2mm두께의 인청동판으로 된 단자들을 용케도 프레스해 낸 그때의 기능공들에게 지금도 경의를 보내고 싶다. 그리하여 그 스위치의 제작에는 엄청난 시간이 걸렸고, 워낙 정밀한 부품이다 보니 생산량도 적을 수밖에 없어서 조립 라인에서는 늘 스위치가 오기를 기다려야만 했다.

단자가 만들어지면 그 다음 공정은 은도금을 하기 전에 기름때를 빼기 위해 약산성의 용액에 잠깐 담그는 것이었다. 그런데 일주일 동안이나 어렵사리 프레스 작업으로 찍어서 모은 스위치의 단자가 도금실로 넘어가서 몽땅 녹아버리는 웃지 못할 불상사가 생겼다. 도금실의 멍청한 공원이 약산에 담가야 할 스위치를 나름대로는 깨끗이 때를 뺀답시고 강산에 담갔다가 몽땅 녹여버린 것이었다. 어쩔 줄 몰라 울고 서 있던 도금실 담당자의 모습을 보면서 생산 책임자였던 나도 기가 막혀서 할 말을 잃었던 장면이 눈에 선하다. 뿐만 아니라 라디오가 생산된 이후에도 그 스위치의 접촉

불량 때문에 얼마나 잦은 고장을 겪어야 했는지 모른다.

정말 비싼 대가를 톡톡히 치르게 되었으므로 그 일을 통해서 헨케 씨의 실책이 분명하게 드러나게 되었다. 그리고 이런 일들을 겪으면서 헨케 씨가 원래 전기, 전자를 전공한 사람이 아니라 기계공학을 공부한 사람이라서 기술적으로 한계가 있다는 사실도 알려지게 되었다. 그 후에도 상당 기간 동안 헨케 씨와 나 사이에는 크고 작은 의견다툼이 끊이지 않았는데, 결국 그는 개인적인 사정으로 계약기간을 다 채우지 못하고 금성사를 떠나고 말았다. 어쨌거나 국내 기술의 수준이 낮은 그 무렵의 우리나라 실정에서 외국인 기술자라도 의지하지 않고서야 어찌 전자공업을 시작할 결심을 할 수 있었겠는가라고 생각하면 헨케 씨가 금성사의 간판을 걸게 한, 하나의 못과 같은 구실을 했던 것은 어느 누구도 부인할 수 없을 것이다.

헨케 씨의 사임을 앞둔 어느 날 구인회 사장은 나를 럭키화학의 사장실로 불렀다. 럭키화학과 금성사 양사의 중역 전원을 배석시킨 가운데 결연하게 "김 과장, 만약에 미스터 헨케가 없더라도 자네가 중심이 되어서 우리 기술자들만 데리고 회사를 이끌어 나갈 수 있겠는가?"라고 묻는 것이었다. 나는 자신 있게 "그렇습니다"라고 대답했고, 실제로 그렇게 해나갈 수 있다는 것을 그 이후에 증명해 보였다.

최초의 국산 라디오 출시 광고. '세계의 수준을 달리는 한국의 기술'과 '기해년말 최대의 선물'임을 강조했지만, 시장의 반응은 냉담했다. 라디오 판매에 날개 돋친 계기가 박정희 장군과 함께 올 줄은 아무도 몰랐다

거듭되는 실패의 가시밭길

국산 라디오를 비롯한 전자제품의 생산 시스템이 정착되기까지는 실로 다양한 시행착오의 과정을 거쳐야만 했다. 가능하면 국내에서 조달할 수 있는 국산 부품을 사용해야 한다는 것은 금성사 임원진과 나의 기본적인 생각이기도 했다. 그러나 전기, 전자 분야뿐 아니라 연관 산업의 기술적 바탕이 취약한 상황에서 새로운 제품을 개발하는데 필요한 부품들의 국산화를 추진하는 일은 참담한 실패가 거듭되는 가시밭길이었다. 그 중에서 특기할 만한 몇 가지 실패와 극복의 과정에는 다음과 같은 사례들이 있었다.

조이면 부러지는 나사

금성 A-501 라디오의 설계를 시작하면서 우선 국내에서 조달할 수 있는 부품을 주문하기 위해 직경 3mm의 볼트와 너트를 조사해 보았다. 그랬더니 나사의 머리를 헤더로 때려서 몸체를 롤링한 나사는 없고, 전부 황동 주물봉을 절삭한 나사뿐이었다. 그렇다고 해서 나사까지 수입해서 쓴다는 것은 차마 내키지 않아서 결국 몇만 개를 주문해서 쓰기로 결정했는데, 막상 라디오를 조립해야 할 단계에서 그 나사를 꽉 죄기만 하면 똑, 똑 부러지는 게 아닌가. 알고 보니 나사를 깎기 위해 황동봉을 6mm 정도의 주물로 주조할 때 들어간 공기의 기포가 주물의 내부에 남아서 그 봉으로 깎은 나사는 대부분 기포 때문에 부러지는 것이었다. 하는 수 없이 긴급히 필요한 나사는 일본에서 수입하기로 하고, 서울에 있는 나사 공장을 샅샅이 뒤지다시피 해서 나사머리를 때려서 만들 수 있는 헤더와 나사의 몸을 비벼서 나사를 만드는 롤링 기계를 가지고 있으면서도 그것을 쓰지 못하고 있는 공장을 하나 찾아냈다. 그 공장의 기계를 가동시켜서 겨우 국산 나사를 조달할 수 있었는데, 그 공장은 훗날 크게 성공한 나사 전문회사가 되었다.

카멜레온 라디오

금성 A-501의 플라스틱 캐비닛을 제작할 때 처음에는 연한 회색으로 디자인을 해서 출시하게 되었다. 그런데 국산 라디오를 아직 신뢰하지 못하는 대중의 심리 탓이었던지 기대했던 것만큼 많이 판매되지 않았다. 나는 소비자들의 인기를 얻어 보려는 목적으로 라디오 캐비닛의 색깔을 미색, 분홍색, 하늘색, 연록색으로 다양화해서 신혼부부용, 학생용, 거실용 등등 다른 분위기를 내보려고 했다. 캐비닛의 성형기가 모회사인 럭키화학에 있었기 때문에 럭키화학의 쟁쟁한 화학공업 전공 기술자들과 상의한 끝에 여러 가지 다른 색상의 캐비닛을 제작해 달라고 의뢰했다.

새로운 색깔의 라디오가 나와 전국의 몇몇 라디오 가게에 견본으로 그것을 출하한 지 얼마 지나지 않아서였다. 나와 절친했던 대구의 '시민소리사' 사장 김길용 씨로부터 전화가 왔다. "어이, 김 박사, 자네들 라디오는 카멜레온인가?"라고 하기에 무슨 소리인가 했더니, "아니, 우리 가게의 진열창에 내놓은 라디오가 밑은 분홍색, 하늘색인데 윗쪽은 하얗게 변하고 말았으니 이게 카멜레온이 아니고 무엇인가?"하는 것이었다. 전화를 끊고 공장에서 분홍색과 하늘색의 빈 캐비닛을 꺼내어 햇빛에 하루 종일 노출시켰더니 햇빛이 닿은 쪽의 색이 차츰 바래지기 시작했다.

럭키화학의 간부들을 불러서 그 시험 결과를 보여주었더니 자기들도 뜻밖이라는 반응이었다. 우리나라의 플라스틱 업계에서 독보적인 인재들만 모인 것으로 믿었던 럭키화학의 기술진이 태양광선에 의한 재료 변색도 몰랐다니 기가 막힐 노릇이었다. 그러면 이미 찍어 놓은 수백 개의 하늘색과 분홍색 캐비닛은 어떻게 하고, 조립해서 제품창고에 입고시켜 놓은 라디오는 어찌한단 말인가? 참으로 난감한 일이었지만, 조립된 라디오 200대는 모조리 분해해서 처음의 회색 캐비닛으로 다시 조립하고 변색 캐비닛들은 럭키화학에서 수거하여 재활용하도록 함으로써 카멜레온 라디오 소동을 마무리 짓게 되었다.

플라스틱 재료 사고의 연속

그 시절에 플라스틱 재료의 성질에 대해서 전혀 문외한이었던 내가 라디오 부품을 설계해야 하는 조건에서는 오로지 럭키화학의 기술진들이 제공하는 지식과 정보에 의존할 수밖에 없었다. 그런데 럭키화학의 기술진들은 장신구나 건축용 플라스틱 재료에 대해서는 훤했지만 까다롭고 정밀하게 정확한 수치를 맞추어야 하는 전자공업 부품의 재료로 플라스틱을 사용하는 것은 그들 스스로도 자신 없어하는 형편이었다. 그들의 서툰 기술자문에 따라서 부품을 설계했다가 낭패를 본 사건이 수없이 발생해서 설계자였던 나뿐만 아니라 생산현장의 종업원들도 고생을 했고, 제품 생산에도 차질을 초래한 일이 적지 않았다.

대표적인 사건은 라디오의 중간주파 트랜스의 조절용 코어로 플라스틱 보빈Bobbin을 선택한 데 따른 것이었다. 나는 내면의 나사로 되어있는 보빈의 재료로 수축율이 가장 적은 플라스틱이 사출 성형하는 데 적합하다는 추천을 럭키화학의 기술진으로부터 받아서 플라스틱 보빈을 사출했는데, 얼마 지나지 않아서 보빈이 자체의 두께 차이로 부분 수축하여, 6각 드라이버로 돌리면 잘 돌아가 주어야 할 코어가 꼼짝을 않는 것이었다. 결국은 그 보빈 재료를 열경화성 베크라이트 재료로 바꾸느라 한 달이나 시간을 낭비하였고, 그동안 라디오 생산은 중단될 수밖에 없었던 것이다.

또 한 가지는 라디오가 판매되기 시작하자 절반 이상의 제품에서 전면에 붙여 놓은 투명 문자판이 앞으로 떨어지는 사고가 발생한 것이었다. 이 사고는 라디오 가게를 통해서 전국의 가정에 이미 보급되었을 때에 발생한 것이어서 더욱 문제였고, 이 일로 인해 럭키화학 기술진과 나는 크게 다투기도 했다. 라디오 앞면의 투명 플라스틱 다이얼판을 붙일 때 캐비닛에 구멍을 내어 다이얼판의 돌출부를 끼운 다음 그 끝을 전기인두로 지지면 어떻겠느냐고 내가 럭키 쪽의 의견을 물었을 때 전문가들은 "좋은 생각!"이라며 대찬성하였다. 그런데 이들은 플라스틱이 재료에 따라서는 부분적인 고온가공을 했을 때 그 경계면에 수축 크래킹이 생긴다는 사실을 미처 몰랐던 것이다.

당시는 미국에서 플라스틱 재료에 대한 기술이 매일같이 발전하며 그 정보가 유포되던 때였다. 럭키화학의 소위 전문가들이 전혀 악의 없이 한 조언이었음에도 불구하고, 정보와 기술력이 부족했던 탓으로 금성사의 전자 기술진들은 매번 골탕을 먹을 수밖에 없었던 일을 요즘 세상의 젊은 기술자들이 이해할 수 있을는지. 다행히 이 사고는 라디오 수신기능 문제가 아니었기 때문에, 소비자들 중에서는 떨어진 문자판을 테이프로 캐비닛에 적당히 고정시켜 쓰는 사람들도 있었다. 이후 다이얼판의 다리에 구멍을 뚫어 스프링을 끼우는 긴급조치로 라디오 생산을 계속할 수 있었다.

돌지 않는 선풍기

국산 라디오에 대한 시장의 반응은 의외로 냉담해서 점차 절망적인 상황으로 기울어 갔다. 밤낮으로 국내의 모든 항구를 통해 들

어오는 밀수품 일제 라디오와 미군 PX로부터 끝없이 국내로 흘러
나오는 미제 라디오에 밀려서 국산 라디오는 발을 붙이기가 어려
운 듯했다. 금성사에서는 다른 전기제품으로 시장에서 승부하기
위해서 전기 선풍기의 생산계획을 세웠다.

선풍기의 설계는 김교성 주임 등에게 맡겨졌다. 그러나 이 역시
럭키화학 기술진의 경험부족으로 인해서 처음에는 실패작을 만
들어내고야 말았다. 설계팀은 선풍기 모터의 몸뚱이 전체를 열경
화 수지로 성형한 하우징을 사용하기로 했는데, 그 때문에 함유
베어링Oilless Bearing이 모터의 회전축을 비틀어 잡아 버려서 선풍기
가 전혀 움직이지 못했다. 그리하여 선풍기 제작 계획은 전면적으
로 수정될 수밖에 없었다. 새로 알루미늄 거푸집Diecast에 의한 하
우징 제작으로 방향을 선회했는데, 그러다 보니 알루미늄 다이캐
스트 공장까지 자체 운영해야 하는 부담을 지고 가야만 했다. 알
루미늄 재료를 사용하게 되자 선풍기는 제대로 돌아가기 시작했
다. 구인회 사장은 처음에 "부채도 아까워서 못 사는 우리 국민들
이 비싼 선풍기를 사겠느냐? 많이는 만들지 말라"고 만류했는데,
선풍기는 비교적 잘 나갔다. 라디오에 비해 덩치가 컸기 때문에 밀
수를 하거나 미군 PX를 통해서 빼돌리기가 쉽지 않은 까닭이었는
지도 모른다.

이 무렵 선풍기 생산과 동시에 시작한 유리어 수지를 이용한, 소
켓 콘센트 등의 배전용 기구는 내열도가 높은 베크라이트 제품을
이길 수가 없어서 결국 생산을 단념하고 말았다. 그러나 1960년에

이르러서 금성사는 마침내 국산 전화기 1호의 생산에 성공하게 되었다. 체신부에 전화기 납품을 시작하는 데 이어서, 자석식 전화기의 생산도 가능하게 됨으로써 통신 산업 발전의 기틀을 다져갔다.

품질관리 부서를 만들다

우리나라 전자공업 초기의 품질관리는 엉성하기 짝이 없었다. 품질관리 공정은 따로 없었고, 단지 부품의 가동부서에서 자율적으로 도면상의 오차 허용치를 겨우 유지하는 것이 당시 품질관리의 전부라 해도 과언이 아니었다. 그러나 제품의 생산수량이 점차 늘어나고, 각 부품의 제조 공정이 바빠져서 금속 가공 공형이나 플라스틱 성형 금형의 고장을 수리하는 횟수가 늘어나자 금형들의 재질과 제작 정밀도 문제가 현안으로 나타나기 시작하였다. 무엇보다도 시급한 것이 바로 부품과 완제품의 품질을 종합적으로 관리할 객관적인 관리조직이 필요하게 된 것이다.

나는 금속부품 생산담당이었던 양한모 과장과 의논하여 비록 늦었지만 품질관리과라는 별도 조직을 회사 내에 두어야겠다는 결론을 내리고, 과장 1명과 공대 졸업자 12명, 공고 졸업자 20명 등으로 편성되는 새로운 조직구성안을 상신하기로 했다. 그래서 그 부서의 필요성과 초기 조직편성, 업무분장 등의 내용을 담은 기획안을 윤욱현 상무에게 올렸다. 그러자 윤 상무는 나와 양 과장을 부르더니 기획안 내용에는 100% 동감하지만, 며칠 전 구정회 부사장과 언쟁을 벌인 일이 있어 지금 냉전 중이니 부사장이 신뢰하는 내가 직접 가서 설명하는 게 좋겠다고 하는 것이었다.

두 사람의 언쟁이 벌어진 것은 럭키화학과 금성사 사원 간의 급료 차이 문제 때문이었다. 당시 럭키화학에 비해서 금성사 사원의 급료가 높게 책정되어 있었는데, 사실 이러한 방침은 금성사 창업 당시에 이미 양사의 중역 사이에서 합의된 것이었다. 왜냐하면 럭키화학은 전형적인 장치산업 회사로 공대 화학과 출신인 일부 관리자를 제외한 일반사원들은 대부분 사업주와의 연고로 채용된 사람들이었다. 구인회 사장의 고향인 경남 진양군 지수면 일대에 사는 지방 유지의 자제이거나 멀고 가까운 친척이었던 이들은 공장 안에서도 서로를 무슨 '아재'니 '조카'니 하면서 가족처럼 호칭하고 지내는 형편이어서, 금성사 사원들은 이들을 '진양군 물레방아'라고 비아냥거리기도 했다. 이에 맞서 럭키화학 사원들은 금성사 사원들을 '외인부대 새끼들'이라고 불렀는데, 금성사 사원들은 대부분 공채시험을 통해서 입사한 공대나 공고 졸업자들이었기 때문이다. 그런 까닭에 금성사 사원들의 봉급은 자연히 럭키화학에 비해 높을 수밖에 없었는데 내 입장에서는 당연한 급료 차이가 왜 이제 와서 새삼스럽게 재론되고 있는지 납득이 가지 않았다.

아무튼 나는 부사장에게 품질관리 부서의 신설을 직접 제안하게 되었는데, 기획안에 대한 설명을 들은 부사장은 목소리를 높이면서 "아니, 또 사람을 데려와야 된다는 거야? 그래, 몇 명이나 더 데려와야 된다는 건가?"라고 짜증스럽게 묻는 것이었다. 내가 "부사장님, 장차는 더 많은 사람이 필요합니다만 지금은 초기니까 과장급 1명과 공대 졸업생 12명만 있으면 되겠고, 따로 공고 졸업생 18명이 필요합니다. 여자공원 15명은 라디오 조립실에서 차출하면 되겠습니다"라고 했더니 큰소리로 "아니, 공대생 12명이라고! 그게 이웃집 강아지의 마릿수냐? 당분간 사람 이야길랑 절대로 하지 마라" 하며 나를 노려보는 표정이 평소와는 완전히 딴판이었다. 나는 그대로 부사장실을 나올까 하다가 밤을 꼬박 새다시피 하면서 써 올린 제안서는 한 줄도 읽어보지 않고 무턱대고 소리만 지르는 부사장이 야속한 생각이 들어서, 그를 똑바로 쳐다보면서 한마디 했다. "제가 사람들을 데려다가 잡아먹으려고 그럽니까? 부품 불량 때문에 저도 더 이상 못하겠습니다" 하고는 책상 위에 있던 제안서를 확 집어서 문 쪽으로 걸어 나오는데, 뒤에서 부사장이 던진 재떨이가 날아오는 것이었다. 다행히 재떨이는 내 왼쪽 어깨를 스치고 지나갔지만 앞에 있던 창문 유리가 와장창 깨지고 말았다. 나는 부사장실에서 나와서 윤 상무에게 울분을 토로했는데, 그날 밤은 윤 상무가 나를 위로한다고 데리고 간 술집에서 인사불성이 되도록 술을 마셨다.

며칠이 지나 부사장이 윤 상무 방으로 와서 나를 부른다고 했다. 나는 야단 맞을 각오를 하고 편치 않은 기분으로 내려갔다. 그런데 부사장은 나를 보고 겸연쩍게 웃으면서 "김 과장, 며칠 전에는 내가 좀 심했네. 그러니까 자네가 마음 풀고 그 서류를 가져오게" 하는 것이었다. 이런 우여곡절 끝에 금성사 내부에 처음으로 품질관리 부서가 만들어졌다.

박정희 대통령과의 극적인 만남

1961년에 5.16군사혁명을 주도한 박정희 장군이 국가재건최고회의 부의장 자리에 머물면서 혁명정부를 이끌어 나가고 있을 때, 그가 발표하는 포고령은 엄청난 위력을 가진 것이었다. 포고령을 위반한 사람은 무조건 구금되었던 까닭에 5.16 이후 모든 국민들은 긴장된 나날을 보내고 있었다. 이 무렵 럭키화학공업사도 국내의 여러 재벌기업들과 마찬가지로 부정축재기업으로 지목될 위험 앞에서 숨을 죽이고 있는 실정이었다.

자회사인 금성사는 한국 전자공업의 개척자가 되고자 하는 야심찬 꿈을 품고 창업했으나, 첫 제품인 라디오가 밀수품에 밀려서 생산중단 위기에 봉착해 있었다. 설상가상으로 최고회의 포고령에 의해 '군용품 일제단속' 방침이 발표되자 그동안 국내 시장에서 구입해 쓰고 있는 미군용 통신 계측기들을 비닐에 싸서 밤중에 공장 뒷마당에 파묻는 등 야단법석을 떨어야 했다. 그렇게 어수선한 상황 속에서 공장에는 최소한의 정리 요원만 교대로 출근을 시키게 되었고, 간부 기술자들은 매일 트랜지스터 라디오와 TV 수상기에 대한 공부만 하며 시간을 보내고 있었다.

불안한 시국이 계속되던 그해 초가을 무렵 박정희 장군이 전에 군수기지사령관으로 재임했던 부산에 잠시 내려와서 머물게 되었다. 그러다가 예고도 없이 그가 연지동에 있던 금성사의 라디오 공장을 불쑥 방문하는 사건이 일어났다. 그날따라 금성사에는 아무도 없었고 생산과장이었던 나 혼자서 사무실을 지키고 있었는데, 저물어가는 오후에 망연히 사무실에 앉아 있던 나는 경비실의 수위가 마당으로 나가서 공장 입구의 무거운 철문을 여는 것을 보았다. 이어서 검은색 미제 승용차 한 대가 마당으로 미끄러져 들어오더니, 그 차에서 세 사람의 군인이 먼저 내리고 곧 이어서 군복 차림에 선글라스를 낀 키 작은 장교가 한 사람 내렸다. 그러자 세 명의 군인이 그 장교를 에워싸다시피 하여 우리 사무실 쪽으로 걸어오는 것이 아닌가.

얼떨결에 내가 손님을 맞이하려고 사무실을 나서자, 키 작은 장교가 나에게 먼저 손을 내밀며 "예고도 없이 미안합니다. 라디오 공장을 좀 보러 왔습니다" 라고 말하는 그 순간, 나는 소스라치게 놀라서 가슴이 마구 두근거리기 시작했다. '아니, 이 양반이 요즘 매일같이 신문에 나오는 박정희 장군이 아닌가!'라는 생각과 동시에, 침착하게 마음을 가다듬고 "어서 오십시오" 라고 인사를 하고는 "지금 회사에는 사장님 이하 모든 중역들이 외출 중이어서 장군을 모실 수가 없어서 죄송합니다만, 생산과장인 제가 대신해서 안내해 드리겠습니다"라고 하며 공장으로 안내했다.

나는 맨 처음 별동 건물로 되어 있는 공작실에서부터 시작하여 본동 건물의 아래층에 있는 부품 가공실, 동선실 등을 안내한 다음에 2층에 있는 라디오 조립실과 최종검사실까지 보여주었고, 마지막으로 설계실에 머물면서 간략한 브리핑을 했다. 공장의 모든 시설들을 유심히 돌아보고 난 박정희 장군은 나에게 수많은 질문들을 던지기 시작했는데, 대략 다음과 같은 내용이었다.

"공장의 기계 시설은 어느 나라의 것이냐? 라디오 부품은 몇 퍼센트나 국산화했느냐? 수입 부속품은 어느 나라 것이냐? 라디오는 외국 기술자가 설계했느냐? 김 과장은 어느 학교를 나왔느냐? 라디오의 성능은 외제에 비해서 어떠냐? 라디오의 가격은 얼마냐? 라디오를 하루에 몇 대까지 생산할 수 있느냐? 라디오가 고장이 잘 나지 않겠느냐? 우리나라의 라디오 보급률은 얼마나 된다고 보느냐? 라디오 다음으로 무엇을 생산할 계획이냐? 럭키화학의 자금력은 어떠냐? 기술적으로 자신이 있느냐? 기술자에 대한 대우는 어떠냐? 김 과장의 경력은 어떠하며 라디오의 실무경험은 어디서 얻었느냐? 회사 내의 분위기는 어떠냐?"

그의 질문 하나하나에 대해서 내가 나름대로 조리 있게 답을 하면서 금성사의 어려운 사정을 호소했더니, 그는 정면으로 나를 응시하면서 "김 과장, 어떻게 하면 금성사가 살아날 수 있을 것 같소?"라고 물었다. 그래서 나는 "금성사가 중요해서라기보다, 우리나라에서 일본과 같이 전자공업이 크게 일어나려면 일제 밀수품과 미제 면세품 라디오의 유통을 막아야 합니다. 그렇게만 되면 금성사를 당장이라도 살릴 수 있으며, 우리나라의 전자공업도 탄탄대로로 나아갈 수 있습니다"라고 힘주어 말했다. 덧붙여서 "장군께서는 오늘 저녁에라도 광복동에 즐비한 여러 라디오 가게의 진열장을 살펴봐 주십시오. 마치 외제 라디오의 박람회장처럼 무엇이든지 있지만, 국산 라디오는 단 한 대도 끼워주지 않는 현실을 보시게 될 것입니다"라고 말하는 순간, 나도 모르게 목이 메는 것이었다. 그러자 박정희 장군은 "김 과장, 기운을 내시오. 아마 곧 좋은 일이 있을 것이오" 하면서 내 손을 꼭 잡고 어깨를 두드려 주고는 발길을 돌려서 떠났다.

박정희 장군이 공장에 나타났었다는 소식을 전해들은 회사의 중역들이 뒤늦게 황급히 사무실로 모여들었는데, 그들은 되풀이해서 그날의 상황을 묻고 또 물었다. 그래서 나도 같은 대답을 반복해서 들려주었는데, 특히 박정희 장군이 떠나기 전에 나에게 좋은 일이 있을 거라고 했던 말은 몇 번이고 다시 거듭하게 했다. 내가 박정희 장군의 어조와 표정을 그대로 흉내내서 재현하자, 사무실의 분위기는 고조되었고 오랜만에 밝은 웃음이 가득했다. 구인회 사장은 "김 과장, 우리가 하고 싶었던 말을 자네가 몽땅 다 해주었네. 수고했네"라고 하며 크게 기뻐했다.

그날로부터 불과 일주일쯤 되던 날, 전국의 모든 신문과 라디오 방송을 통해서 '밀수품 근절에 관한 최고회의 포고령'이 발표되었다. 그리고 공보부가 주관해서 '전국의 농어촌에 라디오 보내기 운동'을 대대적으로 전개한다는 발표가 잇따랐다. 지금 생각해보면 그 당시에 농어촌에 라디오를 보급함으로써 군사혁명에 대한 홍보와 지지세력 확대를 도모했던 박정희 장군의 의도와 우리나라 전자공업의 발전을 추구하던 시대의 요구가 절묘하게 맞아떨어졌던 게 아닌가 싶다. 어쨌거나 이 발표가 나자마자 전국의 라디오 가게마다 진열장이 텅 비게 되었다는 보고가 서울을 비롯한 전국의 럭키화학 대리점들로부터 속속 들어왔고, 그날 오후부터는 금성사의 전화통에 불이 나기 시작했다.

라디오 생산과장이었던 내가 영업업무까지 떠맡아서 지난 2년 동안 발이 닳도록 전국을 돌아다니며 차 한 잔만 같이 하자고 할 때는 쳐다보지도 않던 라디오 가게의 주인들이 너나없이 김 과장을 찾는다고 난리였다. 국산 라디오를 곧 발송해 달라는 주문에 대해서 내가 상사들과 의논하여 결과를 알려드리겠노라고 하자, "아니, 라디오를 현금으로 100대나 사겠다는데 무슨 의논을 한다는 거요?"라며 소리를 높이는 사람이 태반이었다. 나는 세상 인심의 얄팍함을 느끼며 쓴웃음을 지을 수밖에 없었다. 캄캄한 터널이었던 어제와 갑자기 환해진 오늘이 너무나도 달라서 도무지 실감이 안 나고 당황스럽기도 했다.

다음날 금성사 중역회의에서는 라디오를 전국적으로 출하하되, 일부 업자들의 독점계약에는 응하지 않기로 결정했다. 밀려드는 주문을 소화하기 위해서 라디오 부품을 추가로 발주하고, 생산라인을 증설하고, 여공들을 새로 모집하는 일 등 목전의 현안들을 해결하는 데 총력을 기울여야 했다. 당시 금성사 연지동 공장의 식구들은 회사가 한때 폐쇄 직전의 비참한 시기를 겪었기 때문에 모두가 혼신의 힘을 바쳐서 일했다. 그리하여 1959년에는 전국에 고작 30만 대 정도였던 라디오 보급대수가 1961년 말에 이르러 100만 대를 돌파하게 되었다.

우연이라고 하기에는 너무나 운명이었던 것처럼 박정희 장군과의 인연은 그가 대통령이 된 이후에도 계속되었다. 그때로부터 한동안 세월이 흐른 후에 금성사의 동래 공장이 준공되고, 국산 TV 수상기 제1호가 본격적으로 생산되기 시작하자 그는 일부러 부산까지 내려와서 공장을 꼼꼼히 시찰했다. 그때도 내가 공장 안내와 브리핑을 담당했는데, 그는 나에게 "김 과장, 아직도 과장이오?"하면서 나를 알아보는 것이었다. 그 후에 금성사가 안양에서 통신용 케이블과 전선공장금성전선을 설립하고 준공식을 한다는 보고를 받았는지 박정희 대통령이 자진해서 참석하겠노라는 통보를 해왔고, 내가 사회를 보던 그 자리에서 기념사를 했다. 그때 무슨 까닭이었던지, "국내의 어떤 기업주는 미국의 원조기관USOM에 달라붙어서 전선공장의 증설을 방해했으며, 미국사람들은 우리나라가 정유공장을 세우려는 것을 반대했고, 우리나라에 석회석이 얼마든지 있는데도 시멘트를 수입하라고 강요한다"라며 반미적인 발언을 거침없이 쏟아내던 그를 바라보면서 몹시 의아했던 기억이 있다.

60년대에 금성사가 급성장을 이루게 된 데는 군사정부의 도움이 컸다고 할 수밖에 없었다. 특히 서독의 지멘스사로부터 EMD 식 전화교환기의 부품과 기술을 전수받아서 금성사에서 조립한 교환기를 체신부에 납품하는 방식의 복합계약을 체결하게 된 것도 정부의 협력 덕택이었다. 또한 금성사의 초청으로 서독의 뤼프케 대통령이 우리나라에 와서 부산의 공장을 방문한 일 등 굵직굵직한 사건이 계속되었으며, 전남 여수에 새로 만든 호남정유를 럭키-금성 그룹이 인수하도록 낙점한 것 또한 박정희 대통령의 초기 금성사에 대한 애정과 관심이 지속되고 있음을 보여주는 사건이었다.

내가 박정희 대통령을 만난 이후로 거의 20년의 세월이 흐른 1979년에 이르러서 그는 10.26 사건으로 갑자기 유명을 달리했다. 그는 정말 우연하게도 그해에 나를 지목해서 '대통령 산업포장'을 수여하고 떠나갔다. 박정희 대통령의 공과에 대한 판단은 여러 갈래로 다를 수 있겠지만, 하마터면 꺼져 버렸거나, 아니면 숱한 우회로를 거쳐서 다시 시작했어야 할 우리나라 전자공업의 불씨를 적절한 시기에 활짝 피워냈던 공로에 대한 평가에 인색할 필요는 없을 것이다. 나는 우리나라의 모든 엔지니어들과 함께 그의 명복을 빌어주고 싶다.

배경 사진_ 부산 연지동 금성사 공장 ⓒ 「금성사 이십오년사」

"새 길을 개척하는 '파이어니어' 역할이 엔지니어로서 저의 사명입니다"
국산 라디오에 이어 국산 TV 개발에 나선 김해수(가운데)와 동료들

4 부

멈추지 않는
엔지니어의
열정으로

새로운 임무, 국산 텔레비전 생산

1961년 하반기에 접어들어 금성 A-501 라디오의 생산과 판매가 궤도에 오르자 나에게는 새로운 임무가 주어졌다. 신규 사업으로 계획된 TV 수상기의 생산을 책임지고, 일본의 전자공업 회사와의 기술제휴를 추진하게 된 것이었다. 일어에 능통했던 나는 일본의 유수한 전자회사들을 상대로 기술제휴를 요청하는 공문을 발송했다. 마쓰시타松下, 도시바東芝, 산요三洋, 히다치日立 등의 회사 대표들에게 럭키화학과 금성사의 현황과 장래계획을 설명하는 내용을 첨부했다.

한동안 아무런 반응이 없더니 드디어 히다치의 해외사업부장 명의로 된 답신이 왔다. 기술제휴에 대한 협의를 하기 위해서 사전 조사차 파견할 간부 한 사람의 이름, 직책, 파견날짜까지 알려온 것이었다. 우리는 그 사람을 맞이해서 회사의 사업계획을 설명하고, 부산 공장을 보여주었으며 융숭한 대접을 해서 보냈다. 그러자 바로 히다치로부터 기술제휴를 구체적으로 협의하기 위해서 금성사의 책임자를 도쿄로 보내라는 요청이 왔다. 바로 일본으로 출장을 떠났던 나는 히다치의 해외사업부에서 기술제휴를 위한 협의를 마친 다음에 계약문 초안을 만들어 가지고 돌아왔다. 곧이어 1961년 연말에 TV 생산을 위한 히다치와의 기술제휴 계약이 체결되었다.

그 계약에 따라서 1962년 1월 7일부터 3개월 동안 히다치의 요코하마 공장에서 기술실습을 할 기술자 6명이 일본으로 파견되었다. 생산과장이었던 나와 주임기술자인 안상진, 곽병주, 조동린, 김균, 김세한으로 이루어진 우리 일행이 도착한 요코하마 TV 생산 공장은 도쿄에서 그다지 멀지 않은 가나가와 현의 도쓰카 시에 있었다. 숙소는 일본 전국의 히다치 제품 판매점의 기술자들을 재교육하는 서비스센터 안에 있었고, 아침과 저녁식사는 서비스센터의 식당에서 일본인들과 같은 식사를 하고 점심식사는 히다치 공장의 대식당에서 하도록 되어 있었다. 그런데 기술훈련 계약을 체결할 때 한국인의 식사는 일본인들과 달리 맵고 짜며 식사량도 훨씬 많다는 것을 미리 이야기해 두었기 때문에, 히다치 본사 해외사업부장의 특명에 따라 금성사의 실습생에 대해서는 서양음식에 가까운 특식을 조리하여 별도의 배식창구를 배정하는 배려가 주어졌다.

나는 우리 실습생들이 일본으로 떠나기 전에 청회색의 고급 유니폼을 한 사람당 두 벌씩 새로 맞추게 하고, 가슴과 모자에 붙이는 금성사 마크와 명찰도 새로 마련했다. 그것은 일본에서 실습을 하는 동안 산뜻한 이미지로 우리의 자존심을 높이는 한편, 실습생들이 스스로 몸조심하기를 바라는 뜻이었다. 우리의 작업복은 히다치 사원들의 연회색 작업복보다 훨씬 강렬한 색깔이었기 때문에 수백 명이 모이니 식당에서도 유독 눈에 띄어서 주목을 받았다.

그런데 실습생 가운데 비교적 덩치가 컸던 김세한 주임은 별난 행동으로 많은 사람들의 이목을 끌어서 우리 모두를 불편하게 하는 일화를 남겼다. 기독교 신자였던 그는 배식 받은 음식을 탁자 위에 올려놓자마자 고개를 푹 숙이고 기나긴 기도를 시작했는데, 일본인들에게 낯설었던 식전기도는 신기한 구경거리가 된 모양이었다. 수백 명의 눈동자가 쳐다보는 가운데서 알뜰한 기도를 그칠 줄 모르는 그를 향해서 "저것 봐, 아직도 하고 있잖아!"라고 수군대거나 킥킥대는 소리가 들려왔다. 그런데 더욱 놀라운 것은 기도를 마친 그가 맹렬한 속도로 먹어치우는 음식의 양이었다. 그러지 않아도 일본인들의 두 배에 달하는 양의 식사를 받아놓은 위에, 매점에서 사온 우동이나 빵까지 순식간에 입속으로 운반해 버리는 김 주임의 식사장면은 일본인 사원들에게 마치 코믹 쇼처럼 여겨졌던지, 그의 일거수일투족에 따라 웃음보를 터트리거나 "우와, 대단한 대식가로구먼!"하고 탄성을 내뱉는 등 날이 갈수록 반응이 뜨거워졌다. 그러니 도저히 그대로 둘 수가 없어서 내 방에서 자치회를 소집하여, 개인의 신앙과 취향을 고집하는 김 주임을 다른 동료들이 설득해서 기도시간과 식사량을 자제하도록 종용함으로써 곤혹스러운 국면을 넘길 수 있었다.

히다치 공장에서 기술실습을 하던 기간 중에 또 하나 잊을 수 없는 일화는 '김균의 하수구 추락사건'이다. 공장에서 실습을 마친 우리는 매일 오후 5시면 퇴근을 했는데 공장에서 숙소까지는 도보로 약 20분 거리였다. 숙소의 저녁식사가 6시부터 7시 30분까지였으므로 서둘러 숙소로 돌아와야 할 이유가 없었기 때문에 퇴근 후에는 각자 도쓰카 시내의 이곳저곳을 돌아다니며 상점이나 커피숍 같은 데서 시간을 보내는 것이 보통이었다. 그런데 어느날 김균 주임이 밤 10시가 지났는데도 숙소로 돌아오지 않는다는 보고를 받고 걱정을 하고 있는데, 11시가 넘어서 숙소 관리인에게서 연락이 왔다. 술에 취해서 하수구에 빠진 김 주임을 누가 시내의 파출소로 데려다 놓았다는 것이다. 부랴부랴 파출소로 가서 인사불성 상태인 김 주임을 숙소로 보내 놓고, 자초지종을 탐문했더니 '미도리'라는 스탠드바에서 영어를 좀 하는 일본인 신문기자를 만나서 서로 얘기가 통하다보니 만취해서 실수를 하게 되었다는 것이었다. 따지고 보면 실습팀 전부에게 국제적 망신을 시킨 일이었기에 처벌을 해야 마땅했는데, 그날 이후 사흘 동안이나 출근을 하지 못할 만큼 몸살을 앓아 김 주임 스스로 충분히 반성했으리라 믿고 나는 그 문제를 더 이상 거론하지 않았다.

우리의 기술실습은 히다치 본사의 계획에 따라서 생산기술, 공정관리, 신호발생장치 조절, 부품 등 각 분야별 교육훈련 스케줄에 따라서 진행되었다. 히다치는 일어를 못하는 몇 명의 우리 실습생들을 위해서 통역요원까지 준비하는 성의를 보였는데, 기술교육에 따르는 전문용어들을 통역하기가 쉽지 않았기 때문에 나와 안상진 주임, 곽병주 주임 등이 가끔 다른 현장에 가서 도와주기도 했다.

기술교육이 진행되는 동안에 나는 히다치의 간부 기술자들과 금성사에서 생산하게 될 TV의 기종과 수입 부품을 선정하고, 부품 국산화 계획을 작성하는 등의 사무적인 일을 협의해 나갔다. 또한 앞으로 히다치의 기술지도 요원을 금성사에 파견하게 될 때를 대비하여 그들의 처우에 관한 협정도 마련했다. 이렇게 해서 금성사에서 TV 생산을 하기 위한 준비는 착착 진척되어 나갔다. 더불어서 적산전력계WHM, 전기계량기의 국산화를 위한 기초적인 협의도 이루어졌다.

그리하여 기술교육을 받는 3개월 동안, 책임자인 나로서는 매사에 긴장되고 조심스러웠던 나날이 무사히 지나갔다. 고국에 두고 온 가족이 몹시 보고 싶기도 해서 나는 매일 달력에서 하루하루를 지워나갔는데, 기다리던 마지막 날이 마침내 다가왔다. TV 기술에 대해서 완전히 백지상태로 왔던 우리 실습생 주임들도 짧은 기간 동안 열심히 교육을 받아서 어느덧 각 분야별 전문가가 되어 있었다. 무엇보다 우리 실습팀이 히다치 본사로부터 '훌륭한 실습팀'으로 평가 받게 된 것이 나로서는 큰 보람이었다. 우리가 떠나기 전날 히다치 해외사업본부장이 요코하마의 가마쿠라 산장에서 만찬을 베풀어 송별식을 해 준 것은 상당히 이례적인 일이었다.

내 손으로 설계한 금성사 동래 공장

금성사의 연지동 공장이 포화상태가 되자 부산시 동래구에 이미 마련해 둔 4만 평의 대지 위에 공장을 신축하게 되었다. 라디오를 비롯해서 선풍기, 전화기, TV와 적산전력계를 생산하고, 장차 전화 교환기까지 그곳에서 생산한다는 원대한 계획을 세우면서 그 꿈을 실현할 공장을 건설한다는 결정이 내려졌다. 그에 따라 우선 공장의 단위면적과 형태, 건축물의 기본구조와 건물의 배치계획 등을 세워야 했는데, 럭키화학과 금성사의 합동 이사회에서 구인회 사장은 공장의 설계를 나에게 맡기라고 지시했다. 윤욱현 상무에게 그 사실을 전해들은 내가 "그런 일은 건축가에게 시키셔야지요"라고 했더니, 구인회 사장이 "그 건물을 쓸 사람이 그것을 설계하는 것이 가장 좋은데, 김 과장 그 사람은 이 일을 맡기면 좋아할게다"라고 했다는 것이었다. 사실 그 공장의 설계는 전기배선이 중심이었기 때문에 전기를 잘 모르는 건축가보다는 전기 기술자인 내가 적임자이기도 했다. 나는 미래를 향해 발전하는 금성사의 터전이 될 동래 공장의 기본설계를 나에게 맡겨준 구인회 사장의 깊은 뜻이 참으로 고마웠다. 기술실습을 위해 일본 히다치로 떠나기에 앞서서 신축공장의 기본설계를 마쳐야 했기 때문에, 나는 공장부지의 지적도를 펼쳐놓고 한편으로는 구상을 계속하면서 밤낮으로 설계도를 그리기 시작했다. 바닥 면적이 1,000평인 철근 콘크리트 2층짜리 건물 4동을 짓자는 것이 나의 첫 번째 구상이었다. 각 동은 세로와 가로의 비율이 2:10인 긴 건물로서 컨베이어 라인을 설치할 수 있게 했으며, 공장과 공장 사이의 간격을 20m로 정했다. 건물은 남향으로 짓고, 건물의 2층 양쪽 끝에는 슬라브 날개를 내어 각 동을 연결함으로써 그 통로로 짐을 운반할 수 있도록 설계했다. 또 공장의 외부에는 지하배선을 한 수은 등을 곳곳에 설치하여 야간에도 조명을 밝힐 수 있도록 했으며, 공장 주위에 히말라야시다 나무를 심고 군데군데 꽃밭을 배치하여 공장의 분위기를 쾌적하게 하는 조경까지 신경을 써서 지적도와 조감도를 완성하게 되었다.

우리가 히다치에서 기술실습을 하고 있는 동안에 나의 설계에 따라 동래 공장의 공사가 빠르게 진행됨으로써, 돌아올 무렵에는 이미 네 동의 건물이 대부분 완공되어 있었다. 그리고 귀국하자마자 나는 동래 공장의 건설감독으로 발령을 받아서 세세한 마무리 작업까지 직접 지휘할 수 있게 되었다. 그런 까닭에 금성사 동래 공장에 대한 나의 애착은 남다를 수밖에 없으며, 수십 년이 지난 지금도 건물의 구석구석이 눈에 보이는 듯 훤하다.

그런데 히다치에서 돌아온 내가 구인회 사장의 특별지시로 공장건설의 마무리 공사를 맡게 된 데는 또 다른 이유가 있었다. 그것은 내가 일본에서 실습을 하는 동안 발생한 건설현장의 인명사고 때문이었다. 공사가 진행되던 3개월여 동안에 목수 한 사람과 노무자 한 사람이 공사장에서 사망한 사건으로 구인회 사장이 상당한 심리적 충격을 받았기 때문에 나를 다시 공사장으로 보낸 것이었다.

내가 동래의 공사장으로 돌아간 첫날, 나이 지긋한 노무자 한 사람이 나에게 오더니 할 말이 있다는 것이었다. 약 3개월 전에 공장 울타리 안으로 노루 한 마리가 들어왔다가 도망쳐나갔는데, 젊은 노무자 세 사람이 어른들의 만류에도 불구하고 동래산 기슭까지 쫓아가서 노루를 때려잡아 그날 밤 술안주로 나누어 먹었다고 한다. 이상하게도 그 직후 두 사람의 노무자가 불의의 사고로 연달아 공사장에서 죽는 일이 생겼으니, 머지않아 세 사람째의 사고가 날 것이 걱정이 되므로 노루의 위령제를 지내달라는 것이 그의 부탁이었다. 당시 동래 공장의 부지는 평야의 논을 개간한 것이었는데, 그 평야를 내려다보듯이 둘러서 있는 뒷산에서 내려온 어린 노루가 공장 뒤쪽의 담장에 트인 공간을 통해서 들어 왔다가 죽임을 당함으로써 흉흉한 사건이 이어지고 괴괴한 소문이 돌고 있었던 것이다.

나는 무당이니 굿이니 하는 미신에는 아예 취미가 없는 터라 난

색을 표했더니, 회사에서 약간의 제사비용만 부담해 주면 나머지는 노무자들이 알아서 하겠다고 간청하는 것이었다. 마지못해 승낙을 할 수밖에 없었는데, 다음날 몇 사람은 동래 시장에 가서 장을 봐오고, 목수들은 합판으로 작은 제단을 만들고, 촛불과 향로까지 마련해서 조촐한 제사상을 차렸다. 준비가 다 되자 목수들이 나에게 죽은 노루의 위패를 써달라고 했는데, 사람의 위패조차 써 본 일이 없는 내가 이름도 성도 없는 노루의 위패를 어떻게 쓰란 말인가. 한참을 생각한 끝에 '금성사의 공장 건설을 축복하러 내려 왔다가 젊은이들의 잘못으로 사망한 노루님의 영혼에게 드리는 위령제'라는 내용의 제문을 썼다. 그러고 나서 그 제문을 제단 위에 세우고는, 공장의 책임자인 내가 먼저 큰절을 올려야만 했다. 제사를 지내기 전에는 '글깨나 배웠다는 내가 이 무슨 해괴한 짓이냐' 라는 갈등이 있었는데, 제문을 내 손으로 직접 쓰고 넙죽넙죽 절까지 하고 나니까 왠지 마음이 편안해지는 것이었다. 제사의 효험이 있어서였던지 그 이후로는 다행히 인명사고가 전혀 발생하지 않았고, 공장의 마무리 공사도 별다른 탈 없이 진행되었다.

동래 공장이 준공되기 직전의 금성사를 생각하면 잊을 수 없는 장면 하나가 떠오른다. 금성사 최초의 노동조합 파업이 벌어졌던 일인데, 지금으로서는 상상할 수 없을 만큼 순진했던 노동자들의 애교스런 투쟁이었다.

히다치에서 기술실습을 마치고 김포공항에 도착한 나는 우리 일행을 마주하러 나온 서울 사무소의 간부로부터 윤욱현 상무의 긴급 지시사항을 전달받았다. 실습생 다섯 명은 서울에서 1박을 하고 다음날 아침 기차 편으로 부산으로 내려오고, 나는 서울에 도착하는 즉시 밤차를 타고 부산으로 빨리 내려오라는 것이었다. 영문을 몰라서 어리둥절한 나에게 그 간부는 "부산 공장에서 약 두 주 전부터 노사분규가 시작되었는데, 일주일 전부터는 아예 공장 문을 닫고 있다"고 알려주는 것이었다. 그래서 나는 서울 사무소에 가서 간단하게 귀국보고를 한 다음에 당시 조흥은행 본점의 대화재로 어수선하던 서울을 떠나는 밤차를 탔던 것이다.

다음날 새벽, 부산역에 도착하니까 내 아내와 아이들뿐만 아니라 구정회 부사장까지 역으로 나와서 나를 기다리고 있었다. 회사 노조문제가 심각하다는 것을 알게 된 나는 먼저 가족을 집으로 돌려보내고 부사장의 승용차를 같이 타고 회사로 갔다. 부사장은 "벌써 일주일째 공장 문을 닫고 있어서 야단인데, 사장님은 망나니 같은 놈들의 꼴도 보기 싫다 하시고 노조 아이들은 김해수 과장이 돌아오면 이야기 하겠다고 하니 천상 자네가 잘 해결해 주어야겠네"라고 하며 임금인상과 잔업식대 지원 등을 요구하는 노조의 주장 등을 소상히 알려주는 것이었다. 노조측 요구사항 가운데는 헨케 씨의 현장출입을 금지시켜 달라는 것도 있었는데, 현장 노동자들에게 그가 영어로 욕을 마구 해댄 일 때문이라고 했다. 내가 회사에 도착하자 나를 기다리고 있었던 듯한 노조간부 두 사람이 경비실에서 나왔다. 나는 그들과 악수를 나누면서 "내일 아침에 노조간부 전원을 만나고 싶으니 8시 30분까지 회사로 나와

주시오" 하고 보낸 다음에 구인회 사장과 회사 중역들을 만나 그간의 사정을 전해 들었다.

자초지종을 듣고 보니, 노조 측의 요구사항이 그리 무리한 내용이 아님에도 불구하고 일이 이렇게 꼬인 이유는 구인회 사장이 버릇없는 젊은이들의 행동에 충격을 받아서 노조와의 교섭을 중단시킨 데 있는 것 같았다. 재미난 것은 그 당시 노동자들이 벌인 '파업행각'이었는데, 요구조건을 내걸고 사장실에 몰려온 그들이 저마다 당시 유행하던 '맥아더 안경'을 하나씩 코에 걸치고, 소파에 척척 다리를 꼬고 앉아서는 손가락에 양담배를 끼고 불을 붙이는 불량소년 행세를 했다는 것이었다. 한 편의 코미디 또는 연극 같은 그 장면을 상상해보면 실소를 금할 수 없었다.

그래서 나는 우선 구인회 사장의 마음을 푸는 것이 급선무라는 생각이 들어서 이렇게 말을 시작했다. "사장님, 노조 아이들이 그렇게 버릇없는 행태를 보인 것은 결국 사장님을 두려워했기 때문이라고 생각합니다. 그 유명한 '맥아더 안경'을 끼고 나타나면 사장님을 똑바로 봐도 눈부시지 않을 것이라고 생각했던 게지요. 그들이 하는 짓을 직접 보지는 못했어도 속으로 얼마나 떨고 있었을지 짐작이 갑니다. 사장님께서 지금까지 이렇게 무례한 놈들은 처음 보셨겠지만 두려움 때문에 허장성세를 부렸던 그들의 심리를 이해해 주십시오" 라고 내가 말하는 동안 구인회 사장의 표정이 조금씩 누그러지는 것을 느낄 수 있었다. 그래서 내친 김에 "제가 내일 그들과 만나기로 해두었습니다. 만나면 우선 사장님께 저지른 실례부터 따질 생각입니다만, 노사간의 요구조건을 조정하는 문제는 저에게 재량권을 주시면 좋겠습니다" 라고 했더니 사장 이하 모든 중역들이 안심하고 그 문제를 나에게 일임했다.

지녁에 집에서 가족들과 함께 석 달 만에 만난 회포를 풀면서 밥을 먹고 있는데 노조 간부 세 사람이 정종 한 병을 들고 찾아왔다. 우리는 그간의 노사분쟁과 내가 일본에서 겪었던 이야기 등을 나눈 다음에, 다음날 아침에 노조원들에게 내가 할 이야기를 미리 설명하고 특별한 일이 없는 한 내일 오전 10시에 공장 문을 열 터이니 모든 종업원들에게 그것을 알려 달라고 부탁했다. 이튿날 아침 8시에 내가 회사에 출근을 했더니 노조 간부들이 벌써 와서 나를 기다리고 있었다. 자리에 앉자마자 나는 그들이 할아버지뻘 되는 어른 앞에서 무례한 행동을 한 점에 대해서는 반성을 하도록 요구했고, 노조 측에서 먼저 사과를 하면 그들의 요구사항을 회사에서 최대한 수용하도록 내가 책임지고 노력하겠다는 약속을 했다. 그리고 오전 10시에는 일단 공장 문을 열기로 합의했다.

그 길로 사장실에 올라갔다가 공식 사과를 하고 내려온 노조 간부들이 표정은 밝아 보였고, 일주일 동안 닫혀 있던 공장의 철문이 활짝 열리자 연지동 골목 여기저기서 눈치만 보고 있던 사원들이 줄줄이 공장으로 들어오면서 모두 "과장님, 잘 다녀오셨어요?" 하고 나에게 인사를 하는 것이었다. 굳이 결과를 따지자면 금성사 노동자들의 첫 파업이 나의 중재에 힘입어 성공을 거둔 셈이었는데, 나는 그 이후에도 생산현장을 진두지휘하면서 경영진과도 밀

접한 관계에 있는 엔지니어의 위치를 십분 활용하여 노사갈등의 해결사 역할을 자주 떠맡게 되었다. 노동환경 개선이나 노동자들에 대한 처우문제를 놓고 경영진과 크고 작은 대립을 벌였던 경우도 적지 않았다.

금성사의 동래 공장이 본격적으로 가동되고 생산제품의 종류도 차츰 다양해질 무렵에는 공과대학을 졸업한 총각 사원들이 문제를 일으키기도 했다. 당시 여공들의 인원수가 눈에 띄게 늘어나는 만큼 기술진의 보충 역시 수시로 이루어졌는데, 당장 기술자를 필요로 하는 부서에는 지난날 연지동 공장에서 시행했던 기술 간부 채용시험에 응시했던 사람들 가운데 성적이 좋은 사람들을 찾아서 입사를 시켰으나, 그 인원도 차츰 한계에 도달하게 되었다. 그래서 우수한 성적의 공대 졸업생을 여유 있게 채용해서 각 생산현장의 책임자로 하여금 실무교육을 시키도록 했다. 그러다 보니 공대출신 기술자의 인원도 점차 늘어나게 되었다.

그런데 그들 대부분은 서울에서 실시한 채용시험을 통해서 입사하게 된 사람들이었다. 채용이 결정되면 회사에서는 부산의 동래 공장에 출근할 날짜만 알려주면 그만이었는데, 그때는 금성사에 입사한 것만으로도 충분히 영광스럽던 시절이었기에 다른 배려는 필요가 없는 것처럼 여겨졌다. 그들 중에서는 부산에 친척이 있어서 몸을 의탁할 수 있는 사람도 있었지만, 전혀 의지할 곳이 없는 사람들은 서울에서 돈을 준비해서 동래읍의 여관에 기숙하면서 회사에 출근하기 전까지 하숙집이나 전세방을 찾느라고 전전긍긍해야 했다.

동래 공장이 가동되기 시작한 지 1년 후에야 타향에서 온 직원들의 어려운 사정을 알게 된 나는 총무과의 담당자를 시켜서 그들의 실태를 조사하도록 했다. 한 달에 걸친 총무과 담당자의 조사 보고에 의하면 서울이나 지방에서 입사한 대학 졸업생들 대부분이 2,3명씩 그룹을 지어 방 하나에서 공동자취를 하고 있었다. 그런데 난감한 사실은 셋방에서 자취생활을 하다가 공장의 여공 아가씨와 눈이 맞아서 동거생활을 시작한 청년들이 몇 명 있었고, 한 놈은 자취방에 저녁마다 아가씨들이 찾아오도록 꼬여내어 3각 관계인지, 5각관계인지로 시비가 벌어지자 어느 아가씨의 오빠에게 구타를 당해서 팔목이 부러지는 사고를 당했다는 것이다.

연지동 공장 시절부터 금성사는 고등학교를 졸업한 미녀 여공들을 채용했기 때문에 여공들이 공업대학을 졸업한 기술자들과 짝을 이루는 경우가 많아서 '신부감 공장'으로 이름이 나기도 했다. 하지만 동래 공장으로 확장하면서부터는 여공들의 학력이나 외모를 일일이 심사할 수가 없어서 아쉽게도 그런 명예가 사라지고 말았다. 아무튼 총각 사원들과 여공들 사이에서 벌어지는 로맨스가 사고로 이어지는 상황에 이르도록 공장의 책임자인 내가 몰랐다는 것은 부끄러운 일이었다. 뒤늦게나마 총무과 내에 독신사원들의 생활환경을 보살펴주는 전담요원 몇 명을 두고 젊은 사원들의 상담역이 되어주도록 했으며, 일부러 그들과 삼겹살 파티를 하거나 숙소까지 동행하여 의식주에 도움이 되는 방안을 찾게 했다. 그리고 손목이 부러진 그 바람둥이 총각은 내가 직접 불러서 "자네를 더 이상 회사에 두면 다음에는 다리가 부러질지도 모르니, 다리가 성할 때 부모님 집으로 가게"라고 하면서 사표를 받고 돌려보냈다.

젊은 사원들의 생활조사를 하다보니까 또 다른 문제가 발견되었다. 낮에는 회사 내에서 서로 섞여서 일하고 있던 공대 졸업생들이 회사의 정문만 나섰다 하면 S대학, Y대학, K대학 등으로 따로따로 몰려서 술자리나 식사자리에도 끼리끼리만 모인다는 것이었다. 봄가을에 소풍이나 낚시를 가더라도 반드시 학교별 행사가 되는데, 그 중에서도 S대학 졸업생들이 가장 배타적이며 단결력이 강하고 동창생 사이의 위계질서도 군대 못지않게 대단하다는 이야기였다. 그래서 하루는 각 학교의 우두머리들을 윤욱현 상무 방에 집합시켜놓고는 윤 상무와 내가 그들과 대화를 나누게 되었다. "이 작은 나라의 좁은 땅에서, 몇 개 안 되는 공과대학 졸업생끼리 한 회사에서 일하면서 학교별 서클이라니 말이 안 되는 일이 아니냐"라고 간곡하게 타일렀더니 모두들 이해를 하며 반성하는 말들을 해주었다. 그리고 앞으로는 같은 학교별 계파 모임은 절대로 갖지 않겠다고 그들이 약속했기에, 가끔은 회사의 부담으로 젊은 사원들의 단합대회를 열도록 해줌으로써 공장의 분위기가 한결 밝아졌다.

본사 기획부장 승진과 '떡고물' 거절

우리나라 전자공업이 탄탄대로를 달리게 됨에 따라 금성사는 1967년에 본사를 서울로 이전했다. 전무이사로 승진하여 서울 본사로 부임하게 된 윤욱현 씨는 조직개편을 단행하여 영업부, 업무부, 기획부의 세 개 부서를 새로 만들었다. 영업부장으로는 정락용 씨, 업무부장으로는 최영용 씨가 기용되었고, 수석 부서라고 할 수 있는 기획부의 초대 부장으로는 내가 발령을 받았다.

　회사의 배려로 서울의 왕십리에 내가 설계한 집도 하나 갖게 된 나는 무엇보다도 아이들이 서울에서 공부를 할 수 있게 되었다고 기뻐하는 아내와 함께 희망찬 나날을 맞이했다. 본사에서 내가 착수한 일은 기획부의 기구편성이었다. 윤 전무와 상의한 끝에 조직과 인선을 마무리 짓게 되었는데 약전과의 김유도 과장, 강전과의 김봉제 과장, 통신과의 김용선 과장을 기용하여 쟁쟁한 팀을 이루었다. 이때의 기획부 약전과는 훗날 경북 구미의 전자공장을 잉태

한 모체가 되었으며, 강전과는 금성산전의 기반이 되었고, 통신과는 금성통신의 산파역할을 담당하게 되었다.

초대 기획부는 일본 히다치와의 관계강화에 주력하면서, 수입 원자재의 가격 조절과 장기연불의 조건 개선을 통한 금성사의 자금부담 경감을 위해 노력했다. 또한 통신용과 전력용 전선 제조사업 및 EMD방식 전화교환기의 국산화를 위한 서독정부 및 지멘스사 사이의 교섭을 주도했다. 그 결과 체신부의 고위 실무진의 협력을 얻어서 우리나라 체신부가 서독정부로부터 통신시설 개선을 위한 차관을 얻는 데 일조했으며, 서독의 지멘스사와 금성사 간에 EMD교환기의 국산화를 위한 기술제휴 관계를 구축하기에 이르렀다. EMD교환기 이전에 동양전기에서 정부에 납품했던 스트로저 방식의 교환기는 접속 오류와 고장이 잦았으며, EMD교환기는 기계식 전자동교환기로서 이미 1960년부터 우리 정부가 서독에서 도입하고 있었다. 그런데 이 장치를 민간사업자인 금성사에서 국산화하게 된 것은 여러모로 획기적인 일이었다. 전화기의 국산화뿐 아니라 전화교환기의 국산화까지 이루어낸 금성사는 통신산업 분야의 선두주자로 우뚝 서게 되었던 것이다.

이 무렵 기획부가 추진했던 또 다른 중요한 일은 금성사 제품들에 대한 애프터서비스 망의 구축이었다. 지금이야 판매한 제품에 대한 사후 서비스가 당연한 일로 여겨지고 있지만, 그 시절에 AS시스템을 만들자는 나의 제안은 심각한 반대에 직면했다. 일부의 반대를 무릅쓰고 애프터서비스 망을 구축하는 일은 그리 쉽지 않았지만 이후에도 꾸준히 진행되었다.

국내 최상급의 유능한 인재들을 휘하에 거느리고 거대한 전자 공업 프로젝트들을 이끌어가던 당시 금성사 기획부장의 위상은 실로 막강했다. 국내외 원자재와 부품에 대한 발주와 결재의 권한을 가지고 있었기에 로비와 유혹이 끊이지 않는 자리이기도 했다. 당시에 금성사의 부품 국산화 정책이 한층 강력하게 추진됨에 따라 TV용 안테나를 독점 공급하게 된 '불이 안테나'의 강인식 사장이 상당한 사례금을 들고 왔을 때나, '로켓트전지'의 심상하 사장이 사례로 '주주대우'라는 선물을 제시했을 때 단호하게 거절하는 나를 그들은 별난 사람으로 여겼다.

청렴결백을 미덕으로 삼던 조선시대 선비도 아닌 내가 엔지니어로서의 결벽증 때문에 일체의 '떡고물'을 거절하는 바람에, 김봉제 과장을 위시한 부하 직원들이 불만스러워한다는 것을 알고는 나도 마음이 편치 않았다. 그래서 나는 그들이 적절한 수준의 향응이나 사례를 받는 것은 허용하되, 반드시 보고하도록 지시했다. 머리가 좋은 김봉제 과장은 시기별로 관련사들에게 크게 부담 없는 할당을 주어서 사례금을 수집한 다음에 동료들과 공평하게 나누어 쓰는, 나름대로 투명하고 합리적인 '뇌물수수 시스템'을 만들어 운용함으로써 내 부담을 덜어주기도 했다.

금성사를 창업하던 당시부터 임원진과 기술자들이 지켜온 하나의 원칙이 있었다. 그것은 국내에서 전인미답의 전자공업 분야를 개척하는 '파이어니어' 역할에만 주력하고, 다른 사업자가 길을 닦아놓은 사업영역을 침범하지 않는다는 것이었다. 그런데 내가 일본 히다치에서 기술훈련을 받고 오는 동안에, 금성사 연지동 공장에서 뜻밖의 일이 벌어지고 있었다. 구인회 사장 집안의 야심찬 젊은이가 중역진들을 공략해서 공대출신의 햇병아리 연구생 세 사람을 거느리고 건전지의 시험제작을 하고 있다는 것이었다. 나는 어이가 없어서 그들이 한다는 일에는 일체의 관심을 보이지 않았다. 전자공업계의 리더가 되겠다는 금성사가 기술수준이 낮은 중소기업의 영역의 화학공업에 불과한 건전지 사업에 뛰어들어서 "나도 한술 뜹시다" 라고 하는 모양새가 영 마땅치 않았기 때문이었다. 결국 그 철없는 젊은이들을 믿고 시작했던 금성사의 건전지 사업은 커다란 손해를 입고 문을 닫게 되고야 말았다.

그때 국내 건전지 업계에서는 이미 로켓트전지라는 착실한 중소기업이 자리를 잡아가고 있었기에, 내가 서울 본사의 기획부장으로 취임하여 관련부품의 국산화를 추진하면서 그 회사의 사장을 불러서 만나보았다. 로켓트전지의 심상하 사장은 첫인상이 무척 성실해 보이는 사람이어서 만나자마자 바로 금성사와의 협력약정서를 작성하고 조인하는 계약관계를 맺었다. 그 결과 금성사는 좋은 조건으로 로켓트전지를 구매해서 쓸 수 있게 되었을 뿐아니라, 금성사가 보유하고 있던 건전지 생산용 기자재를 몽땅 구입원가로 로켓트전지에서 인수하게 되었던 것이다.

그런데 한참 지난 후에야 알게 된 일이지만, 로켓트전지의 심 사장은 금성사와의 계약관계를 한동안 극비에 부치고 그 당시 경쟁

관계에 있던 두 개의 건전지 업체를 넉넉한 대가를 주고 인수해버림으로써 금성사가 모르는 동안에 건전지 업계를 석권해버렸던 것이다. 이렇게 되자 로켓트전지는 금성사에 공급하는 건전지의 가격을 제외하고 전국에 판매하는 전지의 가격을 독점적으로 좌지우지하면서 비약적인 발전을 이루게 되었다. 아무튼 국내 유일의 '밧데리 왕'으로 변신한 심 사장과 나는 호형호제하는 사이가 되었는데, 문제는 갑자기 번창하는 사업 때문에 심 사장의 개인적 고민이 점차 깊어졌던 것이다. 사내에서는 부정사고가 잇따르고, 심 사장의 동생과 부인 사이에서도 불화가 생기는 등 집안일까지 겪으면서 과로에 시달리던 심 사장은 점점 신경과민 증세를 나타내기 시작했다.

1968년 가을 무렵인가 심 사장의 상태가 몹시 염려스러웠던 나는 일부러 전화를 해서 "이 사람아, 사업도 사람이 살자고 하는 짓인데 아무리 바빠도 낚시 한 번 갈 시간이 없는가. 오늘 저녁에 무조건 나하고 같이 낚시터로 가세. 가서 촌집에서 된장국도 먹고, 소주 한잔에 밀린 이야기나 하면서 하룻밤을 같이 지내세" 라고 했더니, 광주 공장에서 무슨 사고가 나서 곧 가봐야 한다면서 황급히 전화를 끊는 것이었다. 그런 뒤에 한번은 그가 술자리에 나를 불러내더니 "형님, 저를 좀 살려주십시오. 저는 더 이상 회사를 운영할 수가 없습니다. 형님이 제 회사 사장으로 와서 모든 것을 맡아주십시오. 저는 이제 못하겠습니다" 라고 하며 눈물을 뚝뚝 흘리는 것이었다. 마침 자리를 같이 하고 있던 로켓트전지의 간부

두 사람에게 나는 "지금 심 사장의 병이 심각한 것 같네. 그러니 내일 긴급 간부회의를 열어서 강제로라도 입원을 시키도록 하게, 알겠는가!"하고 단단히 당부했다.

그 후 며칠 지나지 않아서 신문과 라디오 방송에서 '로켓트전지 심상하 사장이 심장마비로 별세했다' 라는 슬픈 소식이 전해져서 나는 커다란 충격에 빠졌다. 착실한 중소기업을 운영하고 있던 젊은 사업가를 불러다가 그에게 너무 부담스런 역할을 맡김으로써, 결국은 죽음에 이르게 한 책임이 상당 부분 나에게 있는 것 같아서 한동안 죄책감에 시달렸다.

대기업을 떠나 새로운 개척지로

내가 금성사 초대 기획부장으로 일하기 시작했을 때, 국산 전자부품으로서는 처음으로 성능과 수명에 대한 시험을 하기로 결정한 제품이 바로 삼화콘덴서의 전해 콘덴서였다. 검사 결과 라디오 회로의 부품으로 사용할 수 있다는 보고서가 부산 공장에서 올라왔다. 그래서 나는 삼화콘덴서의 오동선 사장을 불러서 금성사에 대한 납품 견적서를 제출하도록 의뢰했다. 당시 금성사가 삼화콘덴서의 제품을 상용한다는 것은 그 회사에 큰 발전을 가져다주는 소중한 기회였다. 이 일로 인해서 나는 오동선 사장을 자주 만나게 되었는데, 그러다보니 오 사장은 나를 자기 회사로 영입하고 싶은 욕심으로 온갖 노력을 다 하는 것이었다.

그때 40대 중반을 넘어선 나이가 된 나도 자신의 뒤를 돌아보게 되었고, 꽃잎도 활짝 피었을 때 지는 것이 아름답지 않은가라는 생각이 들었다. 그리하여 금성사는 이미 대기업으로서 성장가도에 올라섰으니 젊은 후진들에게 자리를 물려주고 나는 내 갈 길을 새로 개척해야겠다는 결심을 서서히 굳혀가게 되었다. 마침 오 사장이 윤욱현 전무뿐만 아니라 구인회 회장까지 만나서, 나를 삼화콘덴서의 전무로 영입해서 자기 회사를 발전시킬 수 있도록 허락해달라고 설득하고 다니는 열정에 감복해서 나는 삼화콘덴서로 전직하기로 결단을 내렸다.

그러나 10년 이상 몸과 마음을 다 바쳐서 키워온 금성사를 떠나는 내 마음이 결코 홀가분할 수만은 없었다. 망설이던 끝에 마침내 내가 사직서를 제출하자, 구인회 회장은 삼화콘덴서 오 사장을 금성사의 회장실로 불러서 "우리 김 부장이 가거든 잘 부탁합니다"라고 특별히 당부를 했다. 마지막으로 금성사의 내부개선사항에 대한 나의 제안을 정리한 장문의 건의서를 제출하고 내가 떠나자, 구 회장은 중역회의를 소집해서 나의 건의사항을 공표하고 실행 가능한 사항은 즉시 시행하도록 지시했다고 한다. 그리하여 부장들에게 업무용 차량이 지급되고 파격적인 봉급 인상이 이루어졌으며, 직원들의 후생복지가 증진되었다. 그리고 나에게는 럭키-금성 그룹 창사 아래로 가장 많은 퇴직금을 지급하도록 배려해 주었다.

1969년 7월에 나는 삼화콘덴서와 삼화전기 두 회사를 관장하는 전무로 취임하게 되었고, 그때부터 오동선 씨는 회장으로 승격되었다. 나는 우선 공장의 수공업적인 제품생산 공정을 개선하여 자동화 시스템을 도입하기 위한 노력을 기울였으며, 일본의 콘덴서 전문회사인 니치콘Nichicon, 一本蓄電器과의 기술제휴 계약을 체결하고 일본 기술자의 장기체류를 추진하여 기술지도를 받기 시작했다. 또한 삼화의 제1기 간부 기술자를 공채로 모집하여 대학 졸업생들을 처음으로 채용했는데, 이때 오세종, 한명희, 서갑수, 윤태모 군 등의 유능한 인재들이 속속 모여들게 되었다.

내가 삼화로 이전한 이후 금성사와의 거래 관계도 더욱 발전해서 삼화콘덴서는 급속한 성장을 하게 되었고, 그 결과 회사의 재정 상황에도 상당한 여유가 생겼다. 그래서 나는 오동선 회장에게 회사의 재력을 바탕으로 페라이트 코어Ferrite Core, 磁心. 안테나의 자력흡인장치라는 새로운 제품을 개발하자고 권유하게 되었다. 그러나 오 회장은 그 제품을 잘 모르는데다가 당시에는 아직 그 제품의 수요가 많지 않다는 점, 그 사업이 상당한 기계시설을 필요로 하는 장치산업이라는 점 등을 이유로 반대함으로써 나의 제안은 좌절되었다.

그러나 나는 니혼 페라이트Nihon Ferrite 회사의 간부 기술자들과 교분을 끊지 않고 계속해서 통신을 주고받고 있었다. 그런데 어느 날 니혼 페라이트 공업의 간부로부터 한국의 어느 기업으로부터 기술제휴와 한국 내 생산을 함께 추진하자는 제안을 받았다는 정보를 입수하게 되었다. 나는 전망이 좋은 사업분야를 개척할 수 있는 기회를 다른 기업에게 양보하기가 아까워서 다시 한번 오 회장을 설득하기 시작하였다. 그 무렵 정부에서 시행하던 수출산업체에 대한 외화대출 정책을 활용하여, 제1차 생산시설인 18만 달러 규모의 시설을 도입하자고 간청을 해서 억지로 오 회장의 동의를 얻어냈다. 그리고는 시설 발주를 하여 안양 공장에 설치한 후에 니혼 페라이트와의 기술제휴 계약을 통해서 원료를 도입하고, 기술지도를 받아서 라디오 부품인 안테나용 코어와 IFT용 코어를 생산하여 금성사에 납품하게 되었다.

그러나 콘덴서 공장의 급속한 자동화 계획 추진, 페라이트 코어에서 나아가 페라이트 마그네트Ferrite Magnet까지 생산하게 된 삼화전자에 대한 계속적인 투자요청 때문에 오 회장과 나 사이에는 불화의 골이 깊어갔다. 고생 끝에 자수성가한 기업주의 입장에서는 아무리 우리나라 전자공업 발전에 필수적인 재료를 생산한다고 하더라도, 당장 자기 금고에서 돈이 펑펑 지출되는 과정을 참아내기가 어려웠던 것이다. 뿐만 아니라 회사 내부의 사원들에 대한 후생복지 정책 등에서도 상당한 의견의 차이가 드러났다. 예를 들면 직원식당에서 사원들에게 제공하는 식사의 질을 개선하자는, 어찌 보면 당연하다고 할 수 있는 나의 제안조차도 오 회장은 비용을 지출하기가 아까워서 받아들이지 못하는 것이었다. 그리하여 나는 결국 5년만에 삼화콘덴서를 떠나게 되었는데, 막상 사직서를 제출하니까 오 회장이 눈물까지 흘리면서 만류하는 바람에 마음이 몹시 흔들리기도 했다.

삼화콘덴서에서 일하는 동안 일본으로 출장을 다니는 일이 잦았는데, 그 시절에 간직했던 슬프고도 아름다운 기억이 하나 있다. 내가 삼화의 전무로 취임한 다음 해인 1970년에 일본 니치콘과의 정례회의에 참석하게 되어, 공식 일정에 따르면 일본에 도착한 첫날 저녁에 니치콘 사장 내외가 주최하는 만찬이 예정되어 있었다. 나는 처음 만나는 사장 사모님과 사장의 모친을 위하여 고급 자수정 반지 두 개를 따로 포장해서 가지고 갔다. 그런데 첫날의 실무회의가 끝날 무렵 사장의 모친께서 급환으로 병원에 입원하는 바람에 니치콘의 전무가 만찬을 주재하게 되었다는 것이었다. 그래서 나는 자수정 반지를 선물하지 못한 채 가방에 넣어두었다. 니치코 본사에서 며칠간에 걸친 공식 회의 일정이 끝난 후에는 양사 중역 간의 친목과 위로를 겸한 1박 2일의 온천 여행을 하게 되었다. 우리는 호쿠리쿠 지방의 돗토리 시 근처에 있는 조그만 하청공장 하나를 구경하고, 그곳의 유명한 온천장에서 하룻밤을 쉬게 되었다.

어린 시절 내가 일본에서 학교를 다닐 때 수학여행으로 관동지방은 여러 곳 다녀 보았지만, 동북지방으로 여행하는 것은 그때가 처음이었다. 일본 열도의 뒷마당 같은 그곳 동북 지방 사람들은 '일본 알프스'라는 이름의 산맥 끝자락에 있는 바닷가의 좁은 땅을 삶터로 삼아서 대대로 반농반어의 가난한 생활을 숙명으로 여기면서 살아왔다. 특히 겨울철에는 몽골로부터 불어오는 바람이 한반도를 지나 일본 알프스 산맥에 부딪쳐서 생기는 폭설이 2~3m나 쌓여서 이웃집과의 왕래조차 어려운 곳으로 널리 알려져 있었다. 일본이 산업화되면서 이 지방의 교통수단이 다양해지고, 배의 왕래도 잦아지면서 겨우 살만한 곳이 되기는 했지만 이즈모, 돗토리, 나가타 등 이 지방의 지명은 옛날부터 '가난한 사람들의 고장', '딸을 팔아먹는 지방', '여공애사女工哀史의 본고장'이라는 악명으로 기억되는 곳이기도 했다.

우리가 머물렀던 돗토리는 서북풍이 만들어 낸 거대한 황금색 사구와 집집마다 심어 놓은 금목서金木犀의 꽃향기가 유명한 곳이었다. 또 우리 조상인 백제인들이 망명해서 살았다는 사적으로서 '하얀 토끼들의 상륙해안'도 이 지방에 있고, 우리나라의 동해안에서 잡히는 영덕대게나 호랑이복어도 이곳에서는 많이 잡힌다고 했다. 돗토리에 도착하여 숙소에서 온천욕을 하고 식당으로 가니까 일본식 개인 식탁이 아니라, 한국식의 큰 식탁이 푸짐하게 준비되어 있는 것이 마음에 들었다. 그리고 게이코들의 노래와 춤도 교또처럼 답답하지 않고 한국식으로 활발해서 꽤 볼만했다.

그런데 우리들을 접대하는 현지 공장의 사장이 내 옆에 앉아 있던 게이코에 대해서 좌중에게 이렇게 소개말을 하는 것이었다. "사실은 오늘 저녁에 오실 손님이 한국에서 출장을 오신 분이라고 미리 알렸더니, 게이코 중의 한 아가씨가 자기가 한국 사람의 딸이라고 하면서 그 한국 손님에게 술을 권해 드릴 수 있게 해달라고 간청을 해서, 여기 이렇게 가네다 미치코 양을 김 선생님 옆 자리에 앉게 했습니다." 그 말을 듣고 모두들 박수를 치는 가운데 나는 미치코 양과 반갑게 인사를 나누고 다음과 같은 이야기를 듣게 되었다.

"아버지는 한국인으로 태평양전쟁 중에 일본의 규슈에 있던 탄광에 징용으로 끌려왔는데, 이름은 가네다 쇼준이라고 하며 고향은 김천입니다. 광산의 사무실에서 사무원으로 일하던 엄마와 서로 사랑하게 되었는데 조센징이라는 이유로 엄마의 부모님이 결혼을 반대해서 결혼식을 올리지도 못했습니다. 전쟁이 끝났지만 엄마를 두고 고향으로 갈 수 없어서 탄광에서 일을 계속 하던 아버지는 사고를 당해서 다리 하나를 잃고 의족을 끼게 되었지요. 엄마가 식당일 등을 하면서 저를 키웠는데, 지금은 엄마의 고향인 돗토리로 이사를 와서 정성을 다해 아버지를 보살피고 있습니다. 두 분은 서로를 너무나 사랑해서, 저는 두 분이 싸우는 것을 한 번도 본 적이 없을 정도입니다. 아빠는 매년 음력 설날에 차례를 지내는데 엄마와 둘이서 몇 번이나 절을 하고는 그때마다 꼭 슬프게 우신답니다."

식사를 마친 후 나는 미치코 양과 그 아이의 친구들을 데리고 내 방으로 가서 남은 이야기를 마저 들었다. 그리고 가방에서 자수정 반지 두 개를 꺼내서 "이 반지가 오늘 임자를 만났어요. 이 큰 반지는 모든 한국 사람이 어머니께 드리는 감사의 선물입니다. 작은 반지는 장차 미치코가 결혼할 때 아버지 나라의 사람들이 미치코에게 보내는 축복의 선물로 삼아 주기를 바래요"라고 하면서 미치코의 손가락에 반지를 끼워 주었더니 눈물을 흘리며 기뻐했다. 징용을 당한 한국인 광부의 딸로서 접대부로 일하고 있는 미치코의 사정이 안타깝기도 해서, 나는 명함을 주면서 미치코의 부모님을 한번 뵙고 싶으니 꼭 연락을 하라고 당부했다. 하지만 그 이후에 미치코를 다시 만날 수는 없었고, 그들 가족이 어떤 모습으로 살아가고 있는지 늘 염려스러웠다.

삼화콘덴서를 떠난 이후에 나는 재일교포인 곽태석 씨와 함께 한일합작으로 전자부품을 생산하는 여러 회사들을 설립하게 되었다. 내가 처음 곽태석 씨를 만난 것은 금성사의 기획부장으로 일할 때였다. 일본의 야마나시 현에서 축수보석軸受寶石공장을 운영하면서 도시바에 부품을 납품하고 있었으며, 자회사로 서울의 구로동에 '싸니전기' 라는 회사를 가지고 있었던 그는 서울에 올 때마다 나를 찾아서 일제 낚시도구 같은 것을 선물하곤 했다. 한국인으로서 도시바 계열사 사장들의 모임을 주도할 만큼 성격도 활달했던 그와 나는 가끔 식사를 같이 하곤 했는데, 우리의 화제는 언제나 한국 전자공업의 발전 방향에 대한 것이었다.

내가 삼화콘덴서에서 일하고 있던 어느 날 그가 갑자기 나를 찾아와서는 느닷없이, "김 전무님, 저를 좀 도와주십시오" 하는 것이었다. 그래서 무슨 연유인지 들어보았더니, 경북 구미가 고향이었던 그는 그곳에 전자산업 공단이 생기자 재일교포로서 무언가 나라에 도움이 될 일을 해야겠다는 결심을 하게 되었는데, 도시바 계열사 사장들과 의논한 결과, 한국 정부의 힘을 빌려서 한일합작의 전자부품 회사를 설립하는 것이 좋겠다는 결론을 내렸다. 마침 박정희 대통령과 고향이 같은 구미라는 점을 들어서 대통령을 만날 수 있었고, 그 자리에서 정부의 적극적인 지원을 약속받았다. 그 후에 곧바로 상공부와 경제기획원의 고위 공무원들과 인사를 터놓고 일본에서 몇 개의 전자부품 회사와도 접촉 중인데, 이런 일을 추진하는 데는 내가 최고의 적임자이니 나의 도움이 절실하다고 통사정을 하는 것이었다.

당시 삼화의 오 회장과 불화를 겪고 있던 나는 곽태석 씨의 제안을 받아들여서 일본의 쟁쟁한 전자부품 제조회사들을 상대로 한일합작의 전자회사들을 만드는 일을 시작했다. 1974년부터 나는 구로공단 안에 있던 싸니전기의 전무로 취임한 후, 곽태석 사장과 함께 일본을 드나들면서 7년에 걸쳐 8개의 한일합작 회사들을 구로공단과 구미공단에 차례차례로 설립해 나갔다. 회사 설립에 관한 사무적인 수속은 김내순 군과 기근해 군의 협조를 받았으며, 내가 금성사에 있을 때 기획부의 간부였던 김봉제 군은 한국트랜스의 사장이 되었고 정세능 군은 한류전자의 사장을 지냈다.

그 당시 설립되었던 한일합작 회사는 아래 표와 같다.

번호	합작회사명	일본측 회사명	생산제품
1	㈜한국트랜스	다부치덴키(田淵電機)	저주파 트랜스
2	㈜신한전자	무라타제작소(村田製作所)	세라믹 콘덴서
3	㈜대한노블전자	데이코쿠쓰싱(帝國通信)	볼륨 콘트롤
4	㈜한국음향	오사카온코(大阪音響)	스피커
5	㈜경인전자	가와무라덴키(河村電機)	스위치
6	㈜한국금석	긴세키샤(金石舍)	금석 여과장치
7	㈜한류전자	호쿠리쿠덴키(北陸電機)	카본 레지스터
8	㈜한국다이와	다이와코교(大和工業)	낚시용 릴

이 회사들은 모두 한일 간에 50:50의 지분으로 설립되었다. 이 중 대부분의 회사는 곽태석 사장이 한국 측 출자자가 되었지만, 자본력 때문에 그의 친구인 재일교포들에게 출자를 시킨 회사도 몇 개 있었다. 공업의 생리를 모르는 몇몇 투자자들이 가끔 일본에서 나와서 만화 같은 일을 연출하기도 했는데, 예를 들어 집안의 친척들을 고향에서 불러 올려서 회사의 간부 자리를 주라고 강요하는 어이없는 일도 있었다.

어찌됐든 그때 설립한 회사들은 우리나라 전자공업이 부품 국산화율 90%에 이르는 단계로 발전하는 토대가 됨으로써 나에게도 자부심을 안겨주었다. 이들 여덟 개 회사 외에 일본의 도시바와 곽태석 씨가 구미공단에 구식 게르마늄 트랜지스터 합작회사를 설립하려고 했던 사업은 내가 반대함으로써 중단되었고, 나중에 신식 실리콘 트랜지스터 공장으로 전환하여 설립하게 된 것은 지금 생각해도 다행스런 일이었다. 곽태석 사장이 사업상의 과로로 인해 애석하게도 일찍 세상을 떠남으로써 그와의 인연도 그쯤에서 매듭지어졌다.

70년대 말에 나는 박정희 정부의 국무총리실 소속 '대한민국 중화학공업 10년 계획'의 수립팀의 민간인 위원으로, 6개월간 정부 청사에서 근무한 적이 있었다. 그러저러한 경력과 더불어 한국 전자공업의 발전과 기술인력 양성에 기여한 공로를 인정받음으로써, 1979년에 '대통령 산업포장'을 수여받게 되었다.

그 이후 80년대 초부터 나는 이전에 발명특허를 받아 두었던 자력정磁力錠, 자력잠금장치을 생산하기 위해서 준비해왔던 '삼신정기공업사'이후에 ㈜MAGMA로 명칭 변경를 직접 운영하기 시작했다. 그때 나는 비로소 우리나라의 특허권 보호의 실상이 얼마나 허술한지를 실감하게 되었는데, '마그마'라는 상표의 자석식 열쇠가 시중에서 인기를 얻기 시작하자마자 등장한 MEGMA, 혹은 MOGMA라는 이름의 싸구려 제품들이 난립해서 도저히 경쟁이 되지 않았다. 결국은 자금력이 바닥나서 더 이상 버티지 못하고 회사의 문을 닫을 수밖에 없었다. 1983년에 함께 일하던 직원들에게 공장을 넘겨줌으로써 나는 전자공업 일선에서 물러나 환갑을 맞이했고, 1958년에 금성사에 입사한 이래로 25년 동안 쉴 새 없이 달려온 발길을 잠시 멈추고 오랜만에 휴식을 얻게 되었다.

그리운 나의 은인 가와다케 씨

내가 금성사의 기획부장으로 근무할 때 만났던 사람들이 내 인생의 큰 매듭이 지어질 때마다 중요한 역할을 해주었는데, 그 중에서 일본인 사업가 가와다케 야스오川竹保夫 씨와의 인연은 각별한 것이었다. 1967년경 우리가 처음 만났을 때 그는 일본의 동경산업용지라는 회사의 판매사원으로 일하고 있었다. 당시 금성사에서 쓰고 있던 저주파 트랜스의 절연지Layer Paper 샘플과 견적서를 들고 찾아왔던 그의 제품을 부산 공장에서 시험해 보았더니, 결과도 좋았고 가격도 10% 정도 쌌기 때문에 이후 상당량을 발주하면서 그를 알게 되었다. 내가 삼화콘덴서의 전무로 자리를 옮긴 다음에 나를 다시 찾아온 가와다케 씨는 전해 콘덴서에 쓰이는 전해지함침용 특수지가 자신이 일하는 회사의 주력상품이라고 하면서 삼화에 납품을 희망한다고 했다. 나는 그 당시 모든 자재를 기술제휴선인 일본의 니치콘으로부터 공급받고 있기 때문에 차차 기회를 보자고 해

두었는데, 그가 참고하라고 준 견적서의 가격이 삼화가 니치콘에 지급하는 가격의 70% 미만이어서 내심 깜짝 놀랐다.

내가 삼화의 전무로 취임해서 제일 먼저 한 일은 당시 비공식 거래관계였던 니치콘과의 관계를 정식 기술제휴 관계로 전환하는 것이었는데, 나는 기술제휴 계약서의 초안에 장차 일어날 수 있는 분쟁의 요소를 방지하려는 노력의 일환으로 여러 조항을 첨가시켰다. 즉 니치콘의 현재의 제조기술뿐 아니라 계약기간 중에 개발될 신기술도 기술제휴의 대상으로 포함시켰고, 또 니치콘이 삼화에 공급하는 모든 자재와 부품의 가격은 일본 내의 거래 가격의 5% 이상을 초과하지 못하도록 규정했다. 뿐만 아니라 원자재의 부품과 납기도 삼화의 제품생산에 지장이 없도록 하되, 만일 그 가격이나 납기가 지켜지지 못할 경우에는 삼화가 일본 또는 외국의 다른 회사로부터 자유롭게 자재나 부품을 구입할 수 있다는 조항을 삽입시켰던 것이다.

그런데 1970년대 초에 한일 양국 모두 전자공업의 경기가 활황이었던 시기를 맞이하게 되자, 니치콘에서 자재의 가격을 일방적으로 인상했을뿐 아니라 공급 납기를 어김으로써 삼화가 거래처에 공급해야 할 제품의 납기를 맞추지 못하는 사태가 벌어졌다. 여러 차례에 걸친 항의에도 불구하고 문제가 개선되지 않았으므로 나는 다른 자재 공급처로부터 각종 자재를 직접 구매할 수밖에 없었다. 그래서 내가 가와다케 씨에게 전화를 해서 전해지 상당량을 긴급 발주하고 L/C를 개설하여 위기를 넘기게 되었다.

그로부터 약 2개월이 지난 어느 날, 나는 가와다케 씨가 보낸 편지 한 통을 받았다. 그 내용은 지난번에 삼화에 긴급 수출한 전해지의 직거래에 대한 정보를 니치콘이 입수해서 자기가 근무하던 회사의 사장에게 항의를 함으로써 그 회사는 니치콘에게 사과를 하게 되었고, 월권행위를 했다는 이유로 자신이 파면을 당했다는 것이었다. 그래서 15년 동안 열심히 일했던 회사에서 쫓겨난 것이 너무 억울해서 죽고 싶은 생각 뿐이라는 안타까운 사연이었다. 나는 당장 국제전화를 걸어 가와다케 씨에게 절대로 못난 생각을 하지 말고, 내가 그에게 제안할 일이 있으니까 곧 서울로 와달라고 당부했다.

가와다케 씨는 사흘 후에 나를 찾아왔다. 나는 "지금 삼화가 니치콘과 기술제휴 계약을 맺고 원자재와 기타 부품을 그들로부터 구매하고 있지만, 머지않아 우리가 직접 원자재 구매를 해야 할 것이오. 삼화의 원자재 구입량이면 당신 한 사람의 일거리로는 충분할 테니 삼화콘덴서가 수입하는 자재와 부품의 리스트를 가지고 도쿄로 가서 구입가격과 납기를 조사해서 나에게 보고해 주시오"라고 하며 용기를 북돋아 주었다. 그는 밝은 표정으로 일본에 돌아가서 내가 기다리던 보고서를 2주일 만에 보냈는데, 모든 자재의 가격이 25~35% 가량 낮았고 납기 등에 대한 조건도 상당히 고무적이었다. 그래서 나는 그에게 몇 가지 원자재와 부품을 발주할 테니 친한 친구의 무역상에 책상 하나를 놓고 그 무역상 명의로 오퍼를 발송하라고 한 다음에 즉각 L/C를 개설했더니, 무척 빠르게 현물이 선적되어 왔다.

이렇게 해서 가와다케 씨의 무역업은 불과 6개월 만에 작은 사무실 하나를 얻게 되어 회사의 이름을 가와다케 일렉트로닉스 Kawatake Electronics Co.라고 지었다는 희망찬 소식이 날아와서, 나는 축하 전문을 보내주었다. 그리하여 나는 실의에 빠져 있는 유능한 일본인 청년 사업가 한 사람을 살리게 되었는데, 그 일은 내가 일하고 있던 삼화에도 큰 이익을 가져다주었다. 그리고 이처럼 전자부품의 수입선을 다변화해서 우리가 주도권을 행사하게 된 것은 훗날 국제시장에서 한일 간의 경쟁이 치열하게 벌어지는 상황에 대비한 예비포석이 되기도 했다. 그때부터 한국에 대한 전자공업 원자재 무역상사로 자리를 잡은 가와다케 상사는 삼성, 대우 등 여러 전자업체들과도 거래를 터서 각종 생산기계시설의 공급까지 하게 되었고, 일본 내에서 최우수 콘덴서 호일을 생산하는 JCC의 해외 총판점으로 급성장했다.

내가 곽태석 씨와 함께 한일합작 전자회사를 설립하느라고 자주 일본을 출입하고 있던 70년대 말에, 일본에서 가와다케 씨를 만나게 되었다. 그는 내 숙소로 와서는 은행통장과 도장 하나를 내놓으면서, "이것은 김 선생에 대한 보답의 뜻으로 줄곧 저축해 놓은 나의 성의인데, 실례입니다만 받아주십시오"라고 하는 것이었다. 내 이름으로 된 그 통장을 열어보았더니 해마다 수시로 예입한 금액의 잔고가 엄청난 액수로 불어나 있었다. 나는 당황해서 "당신의 성의는 고맙지만 나는 아직까지 봉급생활을 하고 있기에 돈

걱정이 없고, 또 지난날 당신을 도와준 것도 인간의 정의로서 한 일이지 무슨 대가를 바란 게 아니었으니까 이러지 마시오. 우리가 가끔 도쿄에서 만나서 식사나 같이 하면서 순수한 우정을 이어 나가기를 바랍니다" 라고 하면서 완강히 그 통장을 되돌려 주었다.

그로부터 한참 세월이 흐른 1987년, 내가 64세 되던 해에 노년의 실업자 신세로 지내던 내게 가와다케 씨가 갑자기 찾아왔다. 내가 큰누님을 위해서 지어드린 이진암이라는 자그마한 절집이 거제도에 있는데 그곳에 머물면서 아내와 함께 쉬고 있던 어느 날, 삼화콘덴서에서 전화가 왔다. "일본에서 가와다케 사장이 왔는데 오늘 아침 8시 기차 편으로 부산으로 떠났습니다. 부산에서 장승포행 배를 타고 거제도로 간다고 했으니 마중을 나가주기 바랍니다" 라는 전언이었다. 우리 내외는 오랜만에 가와다케 씨를 만나는 것은 반갑지만 우리가 서울에 가서 만나도 되는데 웬일로 거제도까지 오는가 싶어서 의아했다.

그리하여 졸지에 우리는 장승포항에서 그를 마중하게 되었는데, 그는 배에서 내리자마자 악수를 청하면서 대뜸 "아니, 엔지니어인 김 선생이 왜 중이 된단 말입니까?"하더니, "아직은 머리를 안 깎으셨구먼…"하면서 내 모습을 살피는 것이었다. 그는 내가 자력정 사업에 실패한 끝에 절에 들어가서 중이 되려는 것 같다는 잘못된 풍문을 듣고는 부랴부랴 한국으로 나를 찾아온 것이었다. 이진암으로 올라가는 차 안에서 내가 "사업에 실패한 것은 사실이지만 나 같은 사람을 누가 중으로 받아주나?"하면서 웃었더니, 그는 "김 선생이 머리를 깎아버렸으면 어쩌나 하고 염려했는데 머리카락이 그대로 있어서 다행이네요" 하며 진심으로 기뻐하는 것이었다.

절에서 마련한 조촐한 저녁식사를 마친 후 가와다케 씨는 "내가 일본에서 듣기로 한국 전자공업의 대선배인 김 선생께서 전자공업계를 떠나서 절에 계신다고 하더군요. 김 선생을 여기서 이대로 썩게 하는 것은 대한민국의 손해가 아닙니까. 소문대로 머리 깎고 중이 된 것은 아니라서 다행이지만, 노인이 너무 한가로우면 병이라도 날까 걱정입니다. 마침 알맞은 소일거리가 있어서 들고 나왔으니, 옛날에 제가 김 선생님이 시키시는 대로 따랐던 것과 마찬가지로 이번에는 김 선생께서 저를 따라 주셔야겠습니다" 라고 하는 것이었다. 그 말을 듣는 순간 내 가슴 깊은 곳에 묻어두었던 설움이 북받쳐 올라 나도 모르게 눈시울이 젖어들었다. 고지식한 엔지니어 그 이상도 그 이하도 아니었던 내 평생을 돌아보면서 억울하고 후회스러운 생각이 드는 것을 어찌할 수 없었는데, 비록 일본인이지만 그런 내 처지와 심정을 알아주는 사람이 있다는 것은 얼마나 고마운 일인가. 그리고 전자업계에서 쌓아온 경륜을 바탕으로 노년에도 아직 일을 할 수 있는 힘이 남아 있다는 사실을 인정받게 되었으니 얼마나 다행인가.

그리하여 내가 가와다케 씨의 제안을 기쁘게 받아들임으로써, 우리는 바로 서울로 올라와서 삼성동 무역센터 내에 사무실부터 마련했다. 그리고 승용차 2대와 사무실에 필요한 집기 및 전자제품 일체까지 일본에서 가지고 온 현금으로 전액 지불해 준 가와다케 씨의 큰 은혜를 입게 되었다. 그때부터 전자부품과 기계시설에 대한 무역 대리점으로 ㈜신기상역을 개업하여 내가 대표를 맡게 되었으며, 가와다케 일렉트로닉스의 한국 총대리점이라는 간판도 같이 걸어놓고 지금까지 운영하게 된 것이다.

가와다케 씨는 우리 가족에게도 지극한 관심을 가지고 한국에 올 때마다 일일이 선물을 챙기던 세심한 사람이었는데, 1996년 말에 급성 혈관계질환으로 갑자기 세상을 떠나고 말았다. 그가 돌아간 이후에도 우리 부부는 요코하마에 사는 그의 부인과 외동딸 사키코를 가끔 만나고 있다. 나는 그의 유골의 일부를 거제도 이진암의 납골당에 안치해 놓고 그를 그리워하며, 길이 기억하고자 한다.

서로를 절망에서 구원한 절묘한 인연, 일본인 친구 가와다케(왼편)와 60대의 김해수(1987년 거제도)

김해수 생전의 마지막 가족 사진(2004년 추석). 故 김해수(뒷줄 왼쪽에서 네번째), 딸 김진주와 사위 박노해(앞줄 오른쪽 끝)

5부

바람 속의
등불처럼
일가를 이루다

수호천사 아내 자랑

올해 2004년은 아내와 내가 살아온 지 51년째 되는 해이다. 생각해보니 작년에 결혼 50주년을 기념하는 '금혼식'이라도 했어야 하는데, 내가 노환으로 경황이 없다 보니 잊고 지나왔다. 세상의 많은 부부들이 결혼서약을 할 때, '기쁠 때나 슬플 때나 건강할 때나 병들었을 때나' 서로 함께하겠노라고 맹세하지만 그 약속을 지키기란 여간 어려운 일이 아니다. 그런데 우리 부부는 반세기가 넘도록 한 지붕 아래서 동고동락하며 살아왔으니 참으로 질기고도 고마운 인연이었다.

흔히들 '임자 만났다'는 말을 하는데, 사실 나는 임자를 잘 만난 행운아인 셈이다. 성격이 불같이 급하고 매사에 예민하고 깐깐한 나보다 한 수 높은 여유와 강인함으로 나를 버텨내고, 숱한 시련으로 이어졌던 삶의 고비고비마다 지혜로운 결단으로 난국의 실마리를 풀어낸 아내가 아니었다면 그 기나긴 세월 동안 누가 내 곁을 지켜주었을까. 내가 팔순이 넘도록 수명을 유지하면서 비교적 안정된 노후를 누릴 수 있게 된 것은 순전히 아내의 덕이라는 것은 자타가 공인하는 사실이다.

내 아내는 배포가 크고 뚝심이 세기로 유명한 진주 강씨 집안의 딸이다. 1932년에 태어난 그녀의 이름은 '강자'康子인데, 태어났을 때 몸이 몹시 약해서 장모님이 아기를 광주리에 담아서 장롱 위에 올려놓고 삼신할미께 빌었다고 해서 '강기'라는 아명으로 불리다가, 창씨개명을 강요받던 일제 하에서 '야스코'란 일본식 발음으로 개칭하게 되었다. 그래서 우리말로 하면 강강자라는 이름을 갖게 되었는데, 우리 아이들은 엄마를 "깡자"라고 부르며 놀려대기도 했다.

강자는 내 친구 강대봉 군의 여동생으로, 단발머리 소녀시절에 하동중학교를 다니던 때부터 나는 그녀를 지켜보았다. 하동에서 부산을 왕래하는 화물선을 세 척이나 가진 대 선주 강찬삼 씨의 여덟 딸 중에서도 셋째 딸인 강자는 어려서부터 눈에 띄는 미모와 기품 있는 자태를 지녔었다. 해방 직후 하동에서 좌익 청년운동을 이끌었던 오빠 강대봉 군은 크고 작은 좌우익 충돌 사건이 있을 때마다 경찰서를 수시로 드나들었는데, '여순반란사건'으로 그가 한동안 구금되어 조사를 받게 되었을 때였다. 강자는 무서운 아버지 몰래 음식을 마련해서 싸들고 매일같이 경찰서를 찾아가서는 어떻게 해서든지 간수를 설득해서 그 음식들이 유치장 안으로 반입되도록 하는 수완을 발휘했다. 그래서 우리 친구들 사이에서는 강자가 대단한 소녀라고 인기가 높았는데, 하동읍에서 의사를 하던 김하수 원장이 특히 강자를 좋아했던 것 같다.

중학교를 졸업한 강자는 진주에 있는 경상남도 도립병원 부속 고등간호학교에 진학을 했다. 당시로서는 상당히 어려웠던 시험을 쳐서 합격 통지서를 받아놓았고, 국비로 공부를 할 수 있게 되었는데도 '간호사'를 천한 직업으로 여기던 아버지가 절대로 허락할 수 없다고 야단이 났다. 여자가 중학교를 마쳤으면 됐지, 얌전히 살림을 배우고 있다가 시집이나 가라는 강 영감의 방침을 따를 수 없었던 강자는 집에서 도망을 치다시피 진주로 가서 기숙사에 기거하면서 간호학교를 다녔다. 그러던 중에 불행하게도 6.25전쟁으로 학업을 중단하게 되었을뿐 아니라, 하늘 같이 우러러보고 사랑하던 오빠마저 전란 속에 잃고 말았으니 그때부터 강자의 삶은 예기치 못한 운명의 회오리 속으로 빠져들었다.

전쟁이 나기 전에 전처와 이혼을 하고, 부산에서 혼자 살면서 미군 PX 내의 라디오 수리점을 운영하고 있던 나는 어느 날 강자의 편지를 받았다. 전쟁 중에 폭격을 당했던 하동의 집은 겨우 복구를 했지만 아버님은 간경화로 몸져누워 계시고, 집안의 화물선 사업도 중단된 상태라서 앞날이 불안하다는 이야기와 함께 나에게 자신이 부산에서 공부할 수 있는 기회와 취직자리를 알아봐 달라고 부탁하는 내용의 편지였다.

그래서 나는 강자를 부산으로 데려올 작정으로 트럭을 한 대 조달해 가지고 하동으로 갔다. 그런데 무슨 인연이었던지, 하동에서 강자를 싣고 부산으로 돌아오는 길에 트럭이 논 가운데로 빠져 들어 뒤집히는 사고를 당하게 되었다. 다행히 강자는 무사했지만 지병인 폐결핵으로 심신이 피폐해 있던 내가 설상가상으로 다리 가 부러지는 바람에 운신조차 할 수 없게 되자, 강자는 사고를 당한 지점 부근의 농가에 방 하나를 임시로 얻어서 나를 간호해야 하는 처지에 놓이게 되었다.

그러다보니 강자에게는 억울한 일이었지만 입빠른 고향 사람들 사이에서 김해수하고 강강자 사이에 정분이 났다는 소문이 파다하게 돌기 시작했다. 아닌 게 아니라 외딴 농가에서 며칠을 함께 지내면서 강자의 극진한 간호를 받다 보니까 내 마음 속에는 그녀를 평생 내 곁에 두고 싶다는 욕심이 자리 잡게 되었다. 나보다 아홉 살이나 아래였던 어린 소녀가 전쟁의 비극을 겪는 사이에 성숙한 여성으로 변모한 것을 느끼면서 나는 그녀를 향한 사랑의 열병을 앓게 되었다. 하지만 강자에게 나는 그저 '오빠 친구 김 선생'일 뿐이었기에 내 마음을 표현하기가 쉽지 않았다.

그런 우여곡절 끝에 강자와 함께 부산으로 돌아온 나는 한동안 부산시청의 보건의무과에 근무하던 그녀에게 구애작전을 벌였는데 도무지 난공불락이었다. 꽃봉오리 같이 막 피어나는 당찬 아가씨가 무엇이 아쉬워서 이혼해서 아이까지 딸린, 병든 남자를 받아들이겠는가. 그런 사정을 안타깝게 여긴 내 친구들과, 경기여고 국어교사를 하고 있던 사촌 여동생 정수가 나서 강자의 마음을 움직임으로써 마침내 1954년 3월 30일에 대한부인회관에서 우리는

결혼식을 올리게 되었다. 결혼식을 마친 후에 부산 시내에서 오픈
카 퍼레이드를 벌이기도 했는데, 고생길에 들어선 신부를 위로하
기 위한 내 친구들의 배려였다. 우리가 결혼식을 올린 지 얼마 후
에 장인어른은 병환이 깊어져서 부산에 있던 스웨덴 병원에 입원
하게 되셨는데, 그때까지 나를 사위로 인정해주지 않다가 아들인
대봉이 대신으로 내가 마지막 임종을 지켜드리게 되자 내 손을 꼭
잡고 돌아가셨다.

　부산의 초량에 있던 일본식 적산가옥 2층의 다다미방에서 신
혼살림을 시작한 우리는 이듬해 1955년 8월 25일에 첫딸을 얻었
다. 아내는 내가 고향의 부모님 집에 맡겨두었던 전처소생의 아들
도 데려다가 같이 키우면서, 서독병원에서 두 차례의 대수술을 받
게 된 나의 병석을 지켜주었다. 그 당시 중병으로 입원해 있는 나
를 '얼마 후에 죽을 사람'으로 여기고 모두가 외면하거나 동정할 때
도 나를 살려내겠다는 집념으로 고생스런 하루하루를 견뎌내는
아내를 바라보면서 눈물겨웠던 기억이 새삼스럽다. 그때 병석에서
나는 '다시 살아난다면 하늘에 맹세코 착하디착한 내 아내와 가
족을 위해 살겠습니다' 라고 얼마나 기도했는지 모른다.

　하늘이 아직도 나를 써먹을 일이 있다고 여겨서 아내를 '수호천
사'로 지명해 주었던 까닭이었는지, 나는 병마를 이겨내고 일어나
서 새 삶을 시작하게 되었다. 첫딸이 제법 재롱을 부리기 시작할
무렵 아내가 둘째 아들을 낳게 되자 나는 정신이 번쩍 들어서, 미
처 병색이 가시지 않은 몸으로 무턱대고 일거리를 찾기 시작했다.

그러던 중에 신문에서 금성사의 간부 기술자 채용광고를 보고 응시를 하게 되었던 것이다. 금성사에 입사해서 첫 출근을 한 날, 들뜬 마음으로 집에 돌아와서 아내에게 "여보! 내가 금성사 첫 제품의 설계를 맡게 되었어" 라고 보고했을 때, 아내는 "잘 됐네요" 라는 한마디만 하고 부엌으로 들어가 버렸다. 나로서는 섭섭한 반응이었지만 아내의 입장에서는 중병을 앓다가 퇴원한 사람이 무리를 하게 될 게 뻔하니까 마음이 무거웠던 것이다.

사라호 태풍이 부산을 강타했던 1959년 가을에 우리는 금성사 연지동 공장 가까운 셋방으로 이사를 했다. 그러다가 초읍동 금성사 사택으로 옮겨서 제법 번듯해 보이는 살림을 꾸려나가게 되었지만, 아내의 속사성은 나아진 게 별로 없었다. 유난히 신경이 예민했던 나는 회사에서 종일 일을 하다가 받게 된 스트레스를 집에서 술주정으로 풀어대기가 일쑤였는데, 아내는 "이 양반이 언제 사표를 던지고 오나. 이러다가 다시 병이라도 나면 어쩌나" 하면서 늘 조마조마한 나날을 보내야 했다. 그리고 당시 금성사에서 나에게 책정된 봉급은 결코 적은 액수가 아니었지만 월급날 받아든 봉투는 얄팍하기만 했다. 나는 매일 밤늦게까지 고생하는 부하 직원들에게 밥이나 술을 사주고, 그 비용을 회사 경비로 돌리는 쩨쩨한 짓을 하기 싫어서 봉급을 가불해서 써댔으니 당연히 집에 가져다주는 생활비는 얼마 되지 않았다. 속 모르는 친척들은 내가 금성사에 다닌다고 하니까 의지할 곳을 찾아 내 집으로 모여들었고, 아이들은 하루가 다르게 자라나서 4남매를 먹이고 입히고 가르치는 비용을 감당하기가 만만치 않았다. 솜씨 좋은 아내는 직접 재봉틀을 돌려서 낡은 천으로 아이들 옷을 만들어 입히고, 쌀이 떨어지면 구호품 밀가루로 수제비라도 끓여서 그 많은 식구들을 다 먹이고 거두면서 어려운 살림을 지탱해왔다.

내가 금성사 서울 본사로 발령을 받아서 내 집을 마련하게 된 이후로는 형편이 다소 나아졌는데, 그때부터 아내는 이재에 밝았던 강씨 집안의 사업가 기질을 발휘해서 생활비를 아껴서 곗돈을 모으고 여기저기 투자를 해서 내가 모르는 사이에 목돈을 만들어 나가기 시작했다. 뿐만 아니라 아내는 늘 내 주변의 사람들을 집으로 초대해서 대접을 하거나 잔치를 벌였고, 타고난 인덕으로 알게 모르게 외교활동을 펼침으로써 내가 어려움에 처할 때마다 "부인을 봐서…"하면서 나를 돕는 사람이 많았다. 그러므로 고지식한 엔지니어에 불과했던 나는 일일이 사례를 열거하자면 끝이 없을 만큼 아내에게 의지해서 평생을 살아왔다.

특별히 아내에게 고마워하는 일은 유난히 말이 많았던 우리 김해 김씨 집안의 친척들을 원만하게 다독이면서 서로 우애를 유지하도록 하는 '총사령관' 역할을 해주었던 점이다. 그리고 무엇보다 고마운 것은 나에게 딸과 아들을 낳아주고, 그 험한 세월의 바람 속에서 등불처럼 위태로웠던 가정을 따스하게 유지함으로써 아내와 내가 함께 일가를 이루게 된 일이다. 젊은 날에 병들었던 나를 만나서, 노환을 앓게 된 지금까지 든든히 나를 지켜주고 있는 아내에게 무한한 감사와 사랑을 바친다.

세 아들과 여섯 손주들

나에게는 3명의 아들들이 있다. 이 아이들의 이름을 지을 때 나는 다음과 같은 세 가지 원칙을 가지고 작명을 했다. 첫째는 집안에 대대로 내려오던 족보상의 돌림자의 구속으로부터 벗어난다는 것이다. 돌림자로 이름을 지으면 좋은 이름을 찾는데 제약이 되기 때문이다. 둘째는 한자로 작명을 하되 좋은 뜻을 가진 외자 이름을 짓기로 했다. 외자 이름은 독특한 느낌을 주어 기억하기 쉽다는 장점을 갖고 있기 때문이다. 셋째는 이름의 발음이 'ㄴ'으로 끝나는 글자를 골라서 이름에 중량감을 준다는 것이었다. 나름대로 이런 원칙을 세운 나는 집안의 큰형님의 꾸지람조차 감내하며 내 식으로 아이들 이름짓기를 강행했다.

장남의 이름은 향기로울 훈薰자를 선택했다. 차남에게는 뛰어날 준俊자를, 막내아들에게는 법 헌憲자를 골라주었다. 그리고 하나뿐인 딸의 이름은 진주眞珠라고 지어서 예외로 특별대우를 했다.

나의 세 아들들은 비슷한 기질과 다른 개성을 가지고 나름대로 일가를 이루어 살고 있는데, 우연하게도 슬하에 각각 남매를 두어서 나에게 손자 3명과 손녀 3명을 안겨주었다.

손자들의 이름은 지언志彦, 지영志暎, 지원志原이고, 손녀들의 이름은 지혜芝惠, 윤혜允惠, 자혜慈惠라고 지었다. 사내아이들의 돌림자인 뜻 지志자는 씩씩한 기상이 있는 글로서, 계집아이들의 돌림자인 은혜 혜惠자는 여성다운 부드러움을 상징하는 글로서 선택을 한 것이다. 남자들에게는 돌림자를 앞에 두고 여자들에게는 돌림자를 뒤로 물린 것에도 숨은 뜻이 있었지만, 여성들이 남성을 앞질러서 활약하는 요즘 시대에는 맞지 않는 보수적인 생각인지도 모르겠다. 아무튼 남자와 여자끼리는 각각 다른 돌림자를 써서 구분을 하면서도 서로 한 형제간임을 알게 하고 각자 다른 이름자를 덧붙여서 개성을 부여했다.

장남인 훈이는 성격이 활달하고 사교성과 친화력이 좋은 '한량' 기질을 타고났다. 만능 스포츠맨이었을뿐 아니라 어려서부터 기타를 치면서 분위기를 주도하는 '오락부장'으로서, 무슨 대학가요제에서 수상을 할 만큼 그 방면의 전문가였다. 그 덕에 우리 아이들은 모두 노래를 잘 불렀는데, 훈이가 특히 귀여워했던 여동생 진주는 기타를 치는 오빠 옆에 붙어 앉아서 노래 부르기를 좋아했다. 하지만 우리 부부는 장남이 직업적 '딴따라'로 나서게 될까봐 노심초사해서 어떻게 해서든 공대를 보내서 아버지의 뒤를 잇게 하려고 애를 썼다.

사춘기 때는 부모의 이런 태도에 저항해서 거의 비행청소년처럼 교모도 삐딱하게 쓰고 동네 어깨들하고 어울려 다니거나 연애사건을 벌이기도 해서 여간 속을 썩이는 게 아니었다. 그래서 나한테 걸핏하면 얻어맞기도 했는데, 어찌어찌 해서 명지대학 공대를 들어가 주어서 다행이었다. 뿐만 아니라 군대를 다녀오더니 장남으로서 책임감을 느끼게 되었는지, 취직을 해서 고분고분한 모범시민이 되어갔다. 훈이는 금성사 기획부 시절의 내 부하였던 김봉제의 회사인 한국트랜스에 재직하면서 육명수 양과 결혼을 해서 남매를 낳아 착실한 가정을 꾸렸다. 최근에 골프 관련 사업을 하고 있는 훈이는 뜻밖에도 '골프선수 가족'을 이루었는데, 큰 손자인 지언이와 큰 손녀인 지혜는 둘 다 어려서부터 골프를 배워서 프로골퍼가 되었으며, 지금은 골프 코치로 일하고 있다.

차남인 준이는 형제 가운데서도 용모가 준수하고 남을 배려하는 착함이 돋보이는 아이였다. 어려서는 하얀 얼굴에 호리호리한 몸매라서 무슨 옷을 입혀도 잘 어울리는 멋쟁이였기에 나는 준이를 '다람쥐'라는 애칭으로 불렀다. 준이는 성격이 순해빠져서 마냥 양보하기를 좋아하고, 남하고 경쟁해서 이기려는 욕심도 없는 아이였기에 세상에서 적응을 해낼지가 늘 걱정이었다.

아무튼 부모가 바라는 대로 동국대학 공대에 진학을 해주었고, 누나와 동생이 민주화운동을 한다고 80년대에 모두 집을 떠나서 우리 부부가 몹시 힘들었을 때 우리 곁을 지켰던 효자였다. 대학을 졸업한 후에는 삼화콘덴서에서 일했고, 황화선 양과 결혼을 해서 역시 남매를 낳았다. 내가 신기상역을 새로 시작할 무렵 나를 도와서 함께 하기도 했고, 요즘은 ㈜하우투이엔씨라는 건설자재업을 하고 있다. 장녀인 윤혜는 청주대학교 섬유디자인과에 입학을 했고, 차남 지영이는 지금 세화고등학교 2학년으로 열심히 대학 입시공부를 하고 있다.

막내아들 헌이는 리더십이 뛰어난 아이여서 어려서부터 골목대장, 반장을 도맡아했다. 형들하고는 달리 남에게 뒤지고는 못 견디는 승부근성과 나를 닮은 막내기질이 강해서, 무엇이든지 요구해서 들어주지 않으면 끝까지 떼를 써서 자기주장을 관철시키는 집념이 대단했다. 친구들을 몰고 다니며 놀기 좋아하는 '오락부장'인 점에서는 큰형과 통하는 기질을 가지고 있기도 했다. 그러던 녀석이 고3때부터 제 누나의 영향을 받아서 공부도 소홀히 하고 방황을 하다가 고려대학 정치외교학과에 입학을 하더니, 본격적인 '운동권'으로 나서게 되었다. 고려대학 동기인 김혜영 양과 결혼을 했는데, 나중에 알고 보니 며느리도 교도소를 들락거린 경력이 있는 '민주투사'라는 것이었다.

우여곡절이 많았지만 80년대 말부터는 부부가 합심해서 시스템 다이어리 시장을 개척하는 비즈니스에 뛰어들었다가 그 사업을 정리한 후, 지금은 헌이가 내 뒤를 이어 신기상역을 운영하고 있다. 막내 손자인 지원이는 중학교 1학년인데 '이우학교'라는 대안학교를 다니고 있고, 막내 중 막내인 자혜는 동천초등학교 5학년인데 매사에 적극적이고 특히 춤추기를 아주 좋아하는 아가씨이다.

내가 아들 삼형제를 키우면서 가장 강조했던 것은 건강이었다. 젊은 시절에 건강을 잃고 남몰래 고통스럽게 살아온 내 경험을 우리 아들들은 겪지 않기를 간절히 바랐다. 그래서 나는 세 아들에게 '튼튼하게만 자라다오' 라는 주문을 했고, 어쩌다 몸에 작은 상처라도 내게 되면 불효막심한 자식이라고 호되게 야단을 치곤 했다. 건강하게 키우려면 잘 먹여야만 했는데, 다행히 아이들이 한참 클 무렵에는 먹고 살만한 형편이 되어서 먹성 좋은 세 놈의 배를 곯게 하지는 않았으니 그것으로 애비 노릇의 기본은 한 셈이라고 자부한다. 그리고 운동선수를 시키라는 제안을 받을 만큼 무슨 운동이든지 다 잘했던 세 아들을 위해서, 응봉동 집 마당에 탁구대를 설치해놓고 조명까지 환하게 밝혀서 밤마다 탁구시합을 벌이게 했던 일도 그들의 건강을 바라는 부정父情의 표현이었다. 뿐만 아니라 바쁜 중에도 틈만 나면 전국의 산과 바다로 여행을 데리고 다니며 우리 아이들의 심신이 구김살 없이 활달하게 자라기를 염원했다.

그런 까닭이었는지 아들들은 큰 탈 없이 건강한 사내로 성장했는데, 세 아들 중에 하나라도 참된 엔지니어가 되어주기를 바랐던 나의 또 다른 소망은 이루어지지 않았다. 어느덧 중년이 된 그들이 비록 사회적으로 성공을 거두거나 명성을 날리는 큰 재목이 되지는 못했지만, 각자 나름대로 가정을 이루어서 오순도순 아이들을 키우며 사는 모습을 바라보는 것이 내게는 다른 무엇보다 큰 보람으로 남았다. 그래서 명절이나 가족의 생일에 세 아들과 며느리들, 손자 손녀들이 한 자리에 모여서 음식을 나누어 먹거나 윷놀이 판을 벌이며 웃음소리가 가득할 때면 지난 세월의 모든 노고에 대한 보상을 받은 듯 내 마음도 흐뭇해지곤 했다.

이제 연로해진 내게는 사랑하는 아들들과 손자 손녀들의 앞날을 지켜줄 만한 힘이 남아 있지 않지만, 내가 살아온 삶이 그다지 부끄럽지 않았다는 이야기나마 들려줄 수 있으니 얼마나 다행인가. 그러니 우리 집의 든든한 세 기둥과 자라는 나무들도 자신이 선 자리에서 최선을 다함으로써, 타고 난 개성을 활짝 꽃피우고 푸르른 숲의 시대를 열어나가기를 당부한다. 스스로 즐거워서 온 힘을 다 바쳐서 하는 일이 보람되고 빛이 되기도 하는 행복을 누리며 살기를 빌면서, 저들이 살아가는 길에서 외롭고 힘겨운 날에도 나의 생애와 고투를 되새길 때마다 새 힘을 얻기를 바랄 뿐이다.

유별난 딸과 사위 박노해

우리 집에는 아들이 셋이나 있지만 딸은 하나뿐이다. 아내가 첫
딸을 낳았을 때 나는 너무 기뻐서 덩실덩실 춤을 추었다. 전통적
으로 아들이 많은 김해 김씨 집안에서 귀한 딸이 태어났다는 것
이 마냥 신기하고 반갑기만 했다. 내 딸의 이름은 진주인데, '대지'
라는 소설로 노벨문학상을 수상했고 자신이 설립한 재단을 통해
우리나라 전쟁고아들을 보살폈던 여류작가 펄벅 Pearl Buck의 이름
을 본떠서 그렇게 지었다. 또한 보석 중에서도 가장 순수한 동양적
아름다움을 지닌 진주의 이미지를 내 딸이 지니도록 하고 싶었는
데, 아내는 진주라는 보석은 눈물을 상징한다고 반대했지만 내가
일방적으로 밀어붙였다.

어려서부터 영특했던 진주는 걸음마도 하기 전에 앉은 채로 어
른들이 하는 온갖 말을 다 알아듣고, 제 오빠가 부르는 노래도 곧
잘 따라 불러서 귀염을 듬뿍 받았다. 나는 '쭈쭈'라는 애칭으로 딸

을 불렀고, 집에서는 다들 경상도식으로 이름의 끝 자만을 따서 '주야'라고 불렀다. 그런데 '주야'라고 하면 떠오르는 장면이 하나 있다. 내 딸이 세 살 때였던가, 제 엄마에게 뭘 졸라대다가 들어주지 않자 잉잉 하며 우는 척을 했다. 아내는 짐짓 "그래 울어라, 더 울어라" 하고 장난을 쳤는데 진짜로 울기 시작했다. 그런데 한참을 울어도 엄마가 저를 달래 줄 기색이 없다는 것을 눈치채자 돌연 "주야야 우지 마라 해라앗!" 하고 목소리를 더 높이며 울어대는 것이었다. 그제서야 엄마가 "주야야, 울지 마라" 라고 한마디 하자마자 기다렸다는 듯이 눈물을 뚝 그치는 모습이 얼마나 재미있던지, 주야가 커서도 우리는 가끔 그 일을 가지고 놀려대곤 했다.

아내와 나는 딸을 키우는 재미에 살았다고 해도 과언이 아닐 만큼 하는 짓마다 다 예뻤던 진주는 공부는 물론 글짓기, 그림 그리기, 노래 부르기 등을 다 잘했다. 초등학교 시절에 수업을 마치고 집에 오면 엄마 앞에 앉아서 그날 하루 배우고 느꼈던 일을 모두 이야기하던 아이였다. 아내는 없는 살림에도 딸의 교육에 욕심을 부려서 무용을 가르친다, 피아노를 가르친다 하면서 선생을 찾아다녔다. 나는 나대로 해외출장을 가면 어디서든 '사랑하는 내 딸 진주에게'라고 시작하는 엽서를 써서 부쳤고, 돌아오는 길에는 반드시 선물을 한 아름 사다 주었다. 그리고 어느 해 겨울인가 딸이 스케이트를 배우고 싶다고 하기에, 스케이트장에 나가서 서툴게 다니다가 다칠 일이 염려스러워서 마당 한 켠을 파서 물을 가두고 얼음을 얼려서 미리 걸음마 연습을 시켜서 내보내기도 했다.

우리가 서울로 이사를 하면서부터 경제적으로 조금씩 여유가 생기자, 나는 가끔 딸을 데리고 미도파백화점에 가서 옷을 사 입히곤 했는데 진주는 친구들이 새 옷을 부러워 할까봐 학교에 입고 가지 않고 한동안 벽에 걸어두고 쳐다보기만 하는 것이었다. 진주가 숙명여중에 시험을 쳐서 거뜬히 합격을 했던 그 무렵에 나는 금성사를 떠나서 삼화콘덴서 전무로 영전하게 됨으로써 '콜트'라는 기종의 외제 승용차를 갖게 되었는데, 어쩌다가 그 차로 진주를 학교까지 데려다 주게 되면 친구들 보기 미안하다고 학교 정문에서 멀찌감치 떨어진 곳에 내려서 걸어가겠노라고 고집을 부렸다. 그리고 집안에 일을 돕는 가정부가 있는데도 제 방의 청소나 빨래는 반드시 제 손으로 해야 직성이 풀렸고, 아내가 가정부에게 잔소리라도 좀 했다가는 독립투사처럼 가정부를 변호하고 드는 딸하고 맞서야만 했다.

　　진주가 숙명여고 1학년이 되던 봄에 교내 백일장에서 즉흥시부문 최우수상과 수필부문 우수상 및 장려상까지 휩쓸어서 문학적 소질을 보여주었지만, 나는 내 딸을 기어이 이과로 보내서 약학대학에 진학을 하게 했다. 약사자격을 따고 나면 대학원에서 국문학을 공부하게 해주겠다는 조건부였다. 진주가 이화대학 약학과에 무난히 합격을 하자 나는 사방에서 축하를 받게 되었고, 내 아내는 너무나 기뻐서 딸이 다니는 대학을 따라다닐 정도였다.

　　진주가 대학생이 되자 첫 미팅에서 서울대학 경제학과를 다니는 남학생으로부터 '애프터' 신청을 받았는데, 우리 부부는 어느

놈한테 귀한 딸을 빼앗기나 하고 덜컥 겁이 나서 미팅은 좋지만 애 프터는 안된다는 방침을 정했다. 지금 생각해보면 무난한 사위를 볼 수 있는 기회를 스스로 막은 셈이었는지도 모르겠는데, 부모의 말을 거역할 줄 모르던 내 딸이 대학 졸업반이 되면서부터 갑자기 달라지기 시작했다.

1977년 유신 말기의 대학가에는 데모가 끊이지 않았고, 박정희 정부는 '긴급조치'로 대학까지 폐쇄하는 강경대응을 하던 중이었다. 그 와중에 고려대학 법학과를 다니던 이종사촌 오빠가 데모를 하다가 잡혀가게 되자 진주는 큰 충격을 받아서, 제 발로 당시에 각 학교 운동권들이 모여드는 경동교회를 찾아가게 되었다.

그곳에서 지금의 내 사위 박노해 시인을 만나서 진주의 삶이 급격한 변화를 겪게 되었는데, 당시에 진주가 만났던 것은 아직 시인이 되기 전의 노동자 박기평이었다. 대학을 졸업하고 백병원 약국에서 근무를 하던 중에 박기평 군을 만나서 서로 사랑하게 되고, 난생처음 노동자들의 실상을 접하게 된 내 딸은 노동운동에 뛰어들기로 결심을 했다고 한다. 그래서 6개월만에 백병원을 그만두고, 청계천과 성수동 공장지대에서 야학활동을 시작했는데 진주는 그때부터 수시로 가출을 감행하면서 부모의 속을 썩이는 것이었다.

불행은 한꺼번에 겹친다더니 마침 그때 나는 경인전자 부사장 직을 사임하고 실직 상태로 지내게 되었다. 그렇게 되자 나는 딸을 설득해서 1979년 가을에 봉천동 서울대학 부근에서 약국을 개업하도록 했다. 그때 진주는 내심 실직한 아버지의 소일거리를 만들어 주고 노동운동을 계속하겠다는 마음을 먹었던 모양이다. 개업하자마자 약국은 금방 자리를 잡아서 친절한 약사 아가씨와 아버지가 함께 하는 약국으로 소문이 나자 단골손님이 급속히 늘어났다. 그때 내 딸이 약사로서 수백 종류의 약들을 정리하고 처방전과 환자들의 약력을 꼼꼼히 기록하면서, 사람들과 대화를 통해 그들의 아픔을 달래주는 모습을 보고 상당히 감탄스럽기도 했다. 그 무렵 박기평 군은 군대에 입대를 한 상태였는데, 우리 부부는 딸에게 애인이 있다는 사실은 까맣게 모르고 시집을 빨리 보낼 작정으로 여기저기서 들어오는 맞선을 보게 했다. 그런데 우리 딸은 의사니 검사니 판사니 대기업 사원이니 하는 쟁쟁한 신랑감들을 만나지도 않겠다고 버티다가, 마지못해 나가서 만나기만 하면 모조리 다음 약속을 거절해 버리고 오는 것이었다.

약국을 하던 중에 80년 '서울의 봄'이 5.18 광주 민주화운동과 함께 군사정권의 군홧발에 짓밟히는 사건이 발생했다. 서울대학교 안에서 밤새 농성을 하다가 군인들에게 끌려나오면서 구타를 당한 사람들이 우리 약국에도 몰려와서 안티프라민과 머큐로크롬, 붕대 등을 사가기도 했다. 시국이 뒤숭숭한 만큼 진주도 약국 일에 마음을 붙이지 못하고 점점 밖으로 나돌기 시작했다. 진주가 없는 동안에는 내가 환자들을 상대했지만 손님들에게 인기가 좋았던 아가씨 약사가 없는 약국은 아무래도 썰렁했다. 다른 한편으로 나는 그때부터 자력정 사업준비를 하기 시작해서, 81년 봄에 약국의 문을 닫게 되었다.

　81년 가을이 되자 집을 나간 딸의 소식을 전혀 알 수 없는 고통스러운 시간이 우리 부부에게 닥쳐왔다. 그때부터 진주는 구로공단 봉제공장의 기숙사에 기거하면서 시다로 들어가서 일하다가 얼마 후에 미싱가가 되었다고 하는데, 82년 여름이 되어서야 불쑥 집으로 찾아온 딸을 만나볼 수 있었다. 아무런 변명도 없이 "아빠, 건강하세요?"하더니 눈물만 뚝뚝 흘리는 것이었다. 그때도 나에게는 공장을 다니고 있다는 말은 전혀 하지 않았고, 어느 교회에서 노동자들을 돕고 있다고만 말했다. 그런 다음에 아내와 둘이서 한참 무슨 의논을 하다가 딸이 돌아간 다음에, 아내로부터 전해들은 얘기는 3년 전부터 딸에게 애인이 있었는데 이번에 군대에서 제대를 했기 때문에 결혼을 하겠다는 것이었다. 그런데 아내는 나에게 그 사윗감이 서울대학을 다니다가 데모를 하는 바람에 제적을 당해서 군대에 가게 되었다고 했다. 그래서 우리 부부는 밤새 그 문제를 놓고 고민하다가, 우리 딸이 제가 살아갈 기본 생활력은 가지고 있으니 사람 하나만 똑똑하고 건실하다면 결혼을 시켜서 사위가 공부를 계속할 수 있도록 도와주자고 결론을 내렸다. 그리고 나는 그 놈이 대체 어떤 놈인지 한번 만나보자고, 날을 잡으라고 아내에게 재촉했다.

　그 후에 나는 박기평 군과 첫 대면을 하게 되었다. 아내와 딸은 거실에 있었고, 혼자 내 방으로 들어오는 자그마한 청년의 첫인상은 맑고 단정해 보였다. 나에게 큰절을 하고 난 다음에 무릎을 꿇고 내 앞에 앉은 그 청년은 이렇게 말을 시작했다. "아버님, 저는 박기평이라고 합니다. 3년 전부터 따님을 만나서 우리는 서로 사랑해왔습니다. 저는 오늘 부모님께 우리의 결혼 승낙을 얻기 위해서 왔습니다만, 조금 전에 어머님을 만나 뵈었을 때 제가 서울대학을 다니다가 제적당했다고 아버님께 말씀드리라는 당부를 들었습니다. 하지만 저는 야간 상업고등학교를 졸업한 노동자입니다. 어려서 아버님을 여의고 홀어머니를 모시고 자랐는데, 천주교 집안이어서 형님은 가톨릭 사제가 되기 위해 신학교에서 공부하고 있습니다. 제가 아버님께 거짓을 말씀드릴 수가 없음을 어머님께서 이해해 주시리라고 믿고, 우리 두 사람의 결혼을 허락해 주시면 두 분께 부끄럽지 않은 삶을 살기 위해서 노력하겠습니다."

그 말을 듣는 순간 내 가슴에는 폭풍 같은 소용돌이가 치기 시작했다. 딸에 대한 서운함, 아내에 대한 노여움, 이 당돌한 청년에 대한 놀라움과 당혹감…. 그래서 나는 눈을 감고 한동안 가만히 앉아 있었다. 대체 이 일을 어찌 해야 한다는 말인가. 마음을 가라앉히기 위해서 나는 대화를 풀어 갔다. "박기평이라고 했지. 자네 이름의 한자가 어찌 되는가?"라고 물었더니, 터 기基자에 평안할 평平자라고 했다. "평화의 기틀이라…. 참 좋은 이름이네. 아버지가 지은 이름인가?"하면서 그가 살아온 내력과 그의 집안 이야기를 듣게 되었다.

비록 가난하지만 뼈대 있는 남도의 선비 집안의 자식이어서 예의가 바르고, 자기의 소신을 조리 있게 이야기하는 품새로 봐서 머리가 좋은 청년이라는 생각이 들었다. 긴 세월 동안 많은 회사를 다니면서 유능한 인재들을 거느리고 일을 해왔던 나의 직관으로 이 청년이 범상치 않다는 것을 한눈에 알아볼 수 있었지만, 내면의 갈등은 어쩔 수 없이 계속되었다. 학력이나 집안이나 무엇 하나 내세울 게 없는 데다가, 전라도 출신에 종교까지 천주교라니…. 하지만 결국 내 사위가 될 인연이라서 그랬던지, 이야기를 나누다 보니 오래 전부터 알아왔던 사람처럼 정다운 느낌이 솟아나기 시작했다. 그래서 나는 결단을 내리고 이렇게 이야기했다. "박 군, 잘 알았네. 나에게 말하기 쉽지 않은 진실을 이야기 해준 그 용기가 가상하네. 그런 자세로 세상을 산다면 무엇이든 못하겠는가. 그리고 우리 딸이 사랑하는 사람이라고 하니 박 군이 예사로운 사람은 아닐 거라고 믿네. 둘이서 열심히 살아서 좋은 가정을 이루도록 하게."

그리하여 1982년 10월 13일 명동성당에서 두 사람의 결혼식이 이루어졌다. 그리고 시흥동의 작은 집에서 새살림을 차리고, 박 군의 홀어머님을 함께 모시고 살았다. 그러나 그 이후에도 내 딸은 공장을 5년이나 계속 다니고, 사위는 운수노동 운동을 한다고 밑바닥 정비사 생활을 거쳐 버스회사에서 운전기사 노릇을 하다가 어느 날 수배를 당해서 쫓기는 몸이 되었다는 사실을 나중에야 알게 되었다.

1986년 말경부터 수년 간 딸과 사위를 볼 수가 없었는데, 사위를 찾는 경찰들이 내 집을 들락거리면서 "박기평이가 그 유명한

'얼굴 없는 시인' 박노해라는 것을 아느냐?"고 묻는 것이었다. 그 얘기를 아내에게 했더니 아내는 딸에게서 들어서 이미 그 사실을 알고 있었다면서, 내가 미리부터 걱정할까봐 알리지 못했다고 변명했다. 그 당시 후배 기업인들을 만난 자리에서 『노동의 새벽』이라는 시집을 읽은 노동자들 때문에 공장 분위기가 불온하다고 걱정하는 이야기를 들었는데, 내 사위가 바로 그 시집을 쓴 장본인이라니 참으로 놀랍고 기가 막혔다.

그러다가 1991년에 초봄에 내 딸과 사위가 소위 '사노맹 사건'으로 경찰에 체포되었다는 비보가 날아들었다. TV 방송마다 그 소식이 주요 뉴스로 보도되고, 안기부에서 한 달 가까이 고문수사를 받던 그들이 구치소로 넘어가자 그해 내내 재판이 진행되었다. 구속된 딸과 사위가 안기부에서, 법정에서, 감옥에서 감당하는 고통만큼 우리 부부도 애가 타고 피가 마르는 시간들이었다. 해방 직후에 좌우익 대립의 혼란과 비극을 온몸으로 겪었던 내가 다시 그러한 역사의 소용돌이에 휘말리게 되고 보니 하늘이 원망스러울 뿐이었다.

그런 난리 중의 어느 날, 1991년 4월 18일이었다. 우리 막내 손자 지원이가 태어난 날이었기에 잊으려야 잊을 수도 없는 그날, 착실하게 번창하고 있던 신기상역의 서초동 사무실에 30여 명의 세무서 직원들이 들이닥쳤다. 이른바 '세무사찰'이었던 것이다. 나는 올 것이 왔구나 싶었는데, 그들 중 책임자급쯤 되는 사람이 연방 장부들을 뒤지면서 나에게 작은 소리로 "아니, 재벌도 아닌데 웬일입니까. 야당이나 김대중 씨한테 뒷돈이라도 댄 건가요?"라고 묻는 것이었다. 그래서 나는 "지금 구속돼 있는 박노해 시인이 내 사위인데…"라고 대답했더니, 그는 순간 고민스런 표정으로 주변을 살피다가 급히 장부 몇 개를 빼돌려서 의자 방석 밑에 찔러주면서 몹시 안쓰러운 듯 인사를 거듭하고는 일행을 이끌고 나갔다. 그런지 며칠 후에 세무서에서 온 공문을 열어보니 한 달 이내로 1억 8천만 원의 과징금을 납부하라는 명령이었다. 딱히 탈세를 목적으로 치밀하게 장부조작을 한 것이 아니었기에, 관행과 실수로 이익금 일부에 대한 세무신고가 누락된 사실에 대해서 상식선을 벗어난 처벌이 가해졌던 것이다.

사업이 잘 되고 있기는 했지만 갑자기 어디서 그만한 현금을 구해야 할지 막막한 데다가, 무엇보다 견디기 어려운 것은 대한민국 정부에 대한 배신감과 분노였다. 정직한 엔지니어로 평생을 살면서, 뼈 빠지게 수출해서 외화를 벌어들여 정부에 세금을 내는 수많은 기업에서 헌신해 왔던 대가가 바로 이것이란 말인가. 생각할수록 너무도 분해서 밤잠을 이룰 수 없는 날들이 한동안 계속되었다. 당시 거래하던 일본계 은행에서 급전을 돌려서 막고 차후에 서서히 갚아나갈 수 있게 됨으로써 위기를 넘기기는 했지만, 박노해의 가족관계에 상처를 입히고자 하는 의도가 분명해 보였던 탄압과 만행을 저지른 당사자가 누구인지, 그 억울함을 어디에다 호소해야 할지 도무지 알 수가 없는 노릇이었다.

그 후로 4년간 감옥살이를 하고 나온 내 딸은 1995년 5월 1일

이러한 風景가 내딸을 窮地에 몰아 넣는 것임을 아빠는
잘 알고 있다 그러나 지금은 時間이 없다
아빠엄마를 爲해서 無氣力한 한人間이 되느냐 피눈물을
흘리며 말리는 老父母를 버리고 英雄이 되고, 女丈夫가 되고.
有名人이 되는 배를 타고 영영 떠나느냐 決定할 때가
되었다 그러기에 지금은 너무나 가혹한 時間이다

주야야 罪많은 아빠를 살려주고, 가엾은 너의 엄마를
좀더 오래 살도록 許客해 다오

무엇이든 잘먹고 몸을 保全하라. 그리고 막상
父母를 버리는 決定을 하드래도 健康하게 살다가
큰일 많이 하고 命을 다해야 한다. 네가 애비 어미를
버리드래도 父母는 너 뒤를 보살피 다가 끝을 맺게 된 것이다
만나서 긴이야기 못하는 形便임으로 또 글을 써보내게
될 것 같다 지금도 아빠는 눈물이 쉴새 없이 흐르고 있다
오늘 저녁도 추워서 잠을 잘수 있는지 애터진다
네가
4月 8日 밤
아빠 씀

오늘 네 便紙 를 반갑게 받았다 아빠에게도 글을 보내주어
고맙다. 便紙內容 이야 아무러면 어떠나 글을 보니 또
가슴이 아프다 이래도 눈물이 돌고 저래도 가슴이 아프니
급격한 老衰現象 인가보다 내가 생각 해도 눈물이 너무 흔하다
속상한 끝에 술을 자주 마시다 보니 몸이 좋지 않구나
너를 面會한 엄마가 一喜一憂 하는 것을 보니 너무나 안스럽고
불쌍 하구나 몸을 保全하라. 억지로라도 먹어라
애비가 넣은 私食을 안먹는 子息이 어디 있나 (4月 9日 밤)
또 편지 하마

"막상 부모를 버리는 결정을 하더라도 건강하게 살다가 큰 일 많이 하고 명을 다해야 한다"
아버지 김해수가 노동운동을 하다 구속된 딸 김진주에게 보낸 친필편지의 일부 (1991년 4월)

에 내 집으로 돌아와서 우리 부부와 같이 살면서 남편의 석방운 동을 했다. 그리고 사형을 구형받고 무기징역을 살고 있던 사위 박 노해는 1998년 8월 15일 광복절에 김대중 대통령의 특별사면으 로 석방되어 7년 6개월의 감옥생활을 마쳤다. 두 사람은 2000년 부터 '나눔문화운동'을 새로 시작해서 여전히 어려운 길을 가고 있지만, 지금은 그런 일을 한다고 구속까지 당하는 세상은 아니니 그들이 뜻한 바를 이루고자 애쓰는 가운데 행복을 누리며 살기를 비는 마음이다. 그리고 노년에 이르러서나마 사랑하는 딸과 사위 를 가끔 만나서 서로 이야기를 나눌 수 있는 시간이 나에게는 얼 마나 소중한지 모른다.

내 딸과 사위가 감옥에 있는 동안에 나는 거실 한가운데 영광스 럽게 걸어두었던 박정희 대통령의 '산업포장'을 거두어 서랍 속에 고이 모셔두기로 했다. 모든 것이 변화하는 20세기 말에는 그 상 장의 의미도 빛이 바래고 말았다는 생각이 들어서였다. '조국 근 대화의 주역'으로 산업현장에서 심혈을 바쳤던 우리 세대는 위대 했지만, 대한민국 정부가 수립된 이래로 수많은 사람들이 민주주 의를 위해서 희생당했던 고통을 강요하거나 외면해온 죄를 짓기 도 했다. 그 때문에 우리는 다음 세대에게 '민주화의 주역'이라는 임무를 떠넘기게 됨으로써 우리 사회가 더욱 엄청난 대가를 치러 야 했던 것이다.

우리 아들들과 딸들이 온몸으로 부딪혀 이겨냈던 고난으로 인 해서 지금은 우리나라도 민주국가의 반열에 오르게 되었지만, 아직도 보수 기득권에 안주하는 구세대의 영향력이 막강한 우리의 현실은 또 다른 고통을 초래하고 있다. 그러므로 우리의 후손들이 우리 세대를 향해 기립박수를 쳐줄 것이라는 기대는 접어두고, 앞으로 그들이 감당해야 할 새로운 시대의 무게를 덜어줄 수 있는 방도를 찾아내야만 할 것이다. 그것은 가진 자들이 오만과 독선을 버리고, 힘없는 이웃과 더불어 더 큰 희망과 꿈을 키워가는 기쁨을 깨닫게 하는 일일 터인데, 산전수전 다 겪어온 늙은 엔지니어의 눈에는 환하게 보이는, 이 진실의 전파를 수신하는 라디오를 설계할 만한 여력이 내게 남아 있지 않으니 어찌하면 좋겠는가. 라디오 시대보다 소통의 기술이 훨씬 발달된 인터넷 세상을 경쾌한 걸음으로 누비고 다니는, 저 낯선 세대를 믿어도 좋을 것인가.

故 김해수 연보 1923~2005

대한민국 기계 및 전자산업史와의 비교

대한민국 기계 및 전자산업史

1888	서울–부산간 전신 가설
1898	한성전기회사 설립
1899	동대문 발전소 설립
	전차운행 시작, 경인선 철도 개통
1900	최초의 가로등 점등
1902	최초의 전화국 한성전화소 개설
1904	한미전기회사 설립
1905	경부선 철도 개통
1927	경성방송국 개국, 국내 라디오방송 시작

1930	당인리 화력발전소 건설
1942	조선항공공업 주식회사 설립
1944	경성정공 (기아자동차 전신)설립
1945	국산 첫 기관차 '해방 1호' 시운전
1946	현대자동차공업사 설립
1947	공병우 타자기 등장

1953	현신규 박사 '산림산업 임목육종' 연구시작
1954	최초의 민간 방송 기독교방송 설립
	국산 항공기 '부활호' 명[
	나일론 생산기술 시작
1957	선진공업 (대우자동차 전신)설립
1958	금성사 설립
1959	국산 라디오 1호 (금성 A–501) 생산

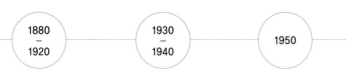

1880 – 1920   **1930 – 1940**   **1950**

김해수의 역사

| 1923 | 경남 거창에서 태어나, 하동에서 성장 |

1937	일본 도쿄로 유학
	도쿄고등공업학교에서 전기공학 전공
1945	고향 하동에서 '창전사' 운영

1950	부산에서 '화평전업사' 운영
1952	부산 미군 PX 라디오 수리점 위탁운영
1958	금성사 수석 입사, 라디오 설계 책임자로 선[
	영업과장, 검사과장, 생산과장 역임

금성사 생산과장 시절의
김해수(1960년)

1960 우장춘 박사 '원예 배추 1호' 품종 개발	1970 경부고속도로 개통	1980 컬러 TV 방송 개시	1991 국산 초소형 휴대폰 생산
1961 ㈜한국전력 설립 국영 KBS TV 개국	1971 통일벼 개발 1972 현대중공업 조선소 건설	1981 삼보컴퓨터, 국산PC 생산	1992 국산 인공위성 '우리별 1호' 발사
1962 대한항공공사 설립 새나라자동차 설립	초대형 유조선 건설 시작	1982 한국전자통신연구원, 한국 최초의 메모리 반도체 32K ROM 개발	1993 세계최초 CDMA 상용화 1996 아시아 최초 디지털 초음파 장비 개발
1965 냉장고 생산 1966 국산 흑백TV 생산	1973 KIST, 국산 컴퓨터 '세종 1호' 개발	1983 세계 3번째 B형 감염백신 개발(녹십자)	1999 국산 LCD 및 PDP TV 생산
1967 국산 에어컨 생산 KIST 설립	1975 국산 자동차 '포니' 생산	1984 삼성반도체 64KD RAM 생산	2003 와이브로 첫 등장
1968 삼성전자공업 주식회사 설립	1978 고리 원자력 발전소 준공	1988 남극 세종과학 기지 건설	2004 국내 최초 인간형 로봇 '휴보'개발
포항제철 설립		1989 한글 워드프로세서 개발	KTX 개통

1960	1970	1980	1990 – 2000

1961 TV 생산을 위해 히다치와 기술제휴 추진	1974 ㈜싸니전자 전무이사로 취임	1980 ㈜MAGMA 창업 1982년 폐업	1991 딸 김진주 사위 박노해 안기부에 의해 체포
1962 금성사 동래 공장 설계 공장장 취임	8개의 한일합작 전자부품 회사 설립	1987 ㈜신기상역 개업	1995 딸 김진주 출소
서독 지멘스사와 기술제휴에 의한 EMD전화교환기 국산화 추진	1978 경인전자 부사장 취임 국무총리실 소속 '중화학공업 10년 계획' 수립팀 민간위원으로 근무		1998 사위 박노해 출소 2004 『아버지의 라디오』 집필 시작
1967 금성사 서울 본사 초대 기획부장으로 취임	1979 대통령 산업포장 수상		2005 8월 21일 새벽에 별세
1969 ㈜삼화콘덴서 전무이사로 취임			
니치콘과 기술제휴에 의한 전해 콘덴서 생산			
Ferrite Core 국산화 추진			237

아버지의 라디오

국산 라디오 1호를 만든 엔지니어 이야기

2016년 6월 3일 개정판 2쇄 발행
2007년 8월 20일 초판 발행

지은이 | 김해수
엮은이 | 김진주
편집자 | 김진주, 임소희, 이상훈
디자인 | 홍동원, 윤지혜
종이 | 월드페이퍼
인쇄 | 미광원색사
제본 | 에스엠북

발행인 | 임소희
발행처 | 느린걸음
등록일 | 2002년 3월 15일
등록번호 | 제 300-2009-109호
주소 | 서울시 종로구 내수동 72
      경희궁의 아침 3단지 330호
전화 | 02-733-3773
팩스 | 02-734-1976
이메일 | slow-walk@slow-walk.com
블로그 | http://slow-walk.com
페이스북 | facebook.com/slow-walkbooks

표지에 쓰인 일부 사진은 『금성사 이십오년사』
(1985)에서 발췌하였음을 밝혀둡니다.

ISBN 978-89-91418-20-2 03990

이 도서의 국립중앙도서관 출판예정도서목록(CIP)은
서지정보유통지원시스템 홈페이지(http://seoji.nl.go.kr)와
국가자료공동목록시스템(http://www.nl.go.kr/kolisnet)에서
이용하실 수 있습니다.(CIP제어번호: CIP2016009413)